早稲田教育叢書
21

英 語 教 育
グローバルデザイン

中野　美知子

［編著］

学 文 社

まえがき

　2002年7月，文部科学省の「『英語が使える日本人』の育成のための戦略構想」が発表された。これを受け，最近では，英語教育は，「小学校から中学校へ」，「中学校から高校へ」，「高校から大学へ」，さらに「大学から実社会へ」と一貫した体系の中に位置付けるけることが大切だと言われるようになってきた。本叢書は，この一貫教育への示唆となる内容を簡潔にまとめたものである。その内容は，試案ではあるものの，1992年より開始した早稲田大学大学院教育学研究科での研究成果と教育実践に基づいている。いわば，約50名の修士課程修了者とともに，長年考えてきた結論の一部であるといえる。執筆者は博士課程を終えたばかりの若き研究者と博士課程在籍中の研究者である。

　早稲田大学では，1997年から英語教育の改革が実験的に開始されてきた。本叢書では，その成果として，チュートリアル英語，CCDL（Cross-Cultural Distance Learning），オンデマンド授業，サイバーレクチャーといったネットワーク型の英語教育を紹介している。なお，2005年3月に出版された『英語は早稲田で学べ』（東洋経済新報社）では，その詳しい授業実践が解説されている。早稲田大学で成功したこのような教育実践は，広く他の教育現場でも有効な教育方法ではないかと私どもは考えている。

　本叢書は，早稲田大学教育総合研究所の出版補助を受けて刊行された。その際，多くの方々のお世話になった。とりわけ，刊行の機会を与えてくださった早稲田大学教育総合研究所所長に深く感謝申し上げる。刊行に際して，学文社との連絡調整をしてくださった同研究所職員ならびに助手の方々にも感謝の意を表したい。また，文体の統一等，細部にわたる校正を一手に引き受けてくれた大和田和治氏に感謝申し上げる。最後に，編集作業の段階でいろいろと協力してくださった学文社の中谷太爾氏に厚くお礼申し上げたい。

2005年3月13日

中野　美知子

目 次

まえがき────────────────────────[中野美知子]……ⅰ

はじめに　21世紀の英語教育―早稲田大学における実践―────[中野美知子]……2

第1部　実践に役立つリサーチ

第1章　なぜリサーチが必要か
　　　　―実践から研究へ，研究から実践へ―────[舘岡洋子・舘岡康雄]……18

第2章　自分でリサーチを行うには──────────[上田　倫史]……28

第3章　実験研究
　　Ⅰ．学習者コーパス───────────────[大和田和治]……44
　　Ⅱ．教科書分析―日本人英語学習者の発話行為表現―[山崎　　妙]……55
　　Ⅲ．チャット分析───────────────[筒井英一郎]……61
　　Ⅳ．プロトコル分析
　　　　―読解過程における自問自答と問題解決方略―────[舘岡　洋子]……67
　　Ⅴ．テスティング―テスト作りに活かすテスト理論―[上田　倫史]……71

第2部　学習段階に応じた指導目標設定と達成のための実践例

第1章　中学校へつなげる小学校英語活動────────[石川　　桂]……78
第2章　高等学校へつなげる中学校英語教育──────[根岸　純子]……99
第3章　大学教育へつなげる高等学校英語教育─────[阿野　幸一]……118
第4章　社会へつなげる大学英語教育
　　　　──────[上田倫史・大和田和治・大矢政徳・筒井英一郎]……135
第5章　現職英語教員研修──────────────[中野美知子]……174

英語教育グローバルデザイン

はじめに

21世紀の英語教育
―早稲田大学における実践―

I. 英語教育学とその実践

　1990年4月に早稲田大学で教えるということになり，第一に心したことは，次のことであった。一つは将来を担う若者たちに自分が学んだ研究領域のエッセンスを伝えていくこと。もう一つは時代とともに変化する研究の動向に歩調を合わせつつ，次世代の人たちに役立つことが何かを見極め，選択して伝え，若者たちとともに考えながら突き進むことだった。大学院修士課程の在学生・修了生や博士課程で研究をしている大学院生，博士論文の執筆に忙しい研究者とともに，今までの研究歴や授業実践をまとめる機会がこの本を共著で出すという形で与えられた。この記録が英語教育に携わる多くの方々にご参考になればと願っている。

　この序章では，修士課程での教育実践，異文化交流の実践，チュートリアル英語の立ち上げ，大学英語教育での観点別評価リスト（can-doリスト）の作成，英語能力診断テストの作成，複数のサイバーセミナーの設立，教育測定研究所と共同開発したcomputer-adaptive testであるWeTECや個人要因の調査方法に基づいた英語指導の方法，オンデマンド授業の作成，グローバルリテラシー

演習，学習者英語のコーパス作成，高校教科書のコーパス作成，英作文のコンピュータによる自動採点方法など，それらの研究教育活動の趣旨について触れながら，時の流れの中で進化していく教育方法の方向性を示すことができれば幸いである。

II. 修士課程における教育実践

　1992年度より英語教育学の修士課程演習担当となったが，当時，私は英語教育学を応用言語学の主要分野として位置付けていた。そのため，認知言語学の研究方法，心理言語学の実験方法を英語教育学に取り入れようと考えていた。取り入れるばかりでなく，各分野の専門書を読むことを院生には義務付けていた。英語学も本格的に勉強することは当然であった。当時，大学は「語学学校」とは違うので，社会の要請や実態と合わないでもよいのだという考え方が主流であったため，その学問の説明責任（accountability）や有効性を問うことはなされていなかった。私は学問という名前のもとに，同じ教科書でいつまでも同じことを教えることは「いかがなものか」と思っていた。かなり本格志向であったため，心理学会，人工知能学会，認知科学会などでも研究発表はしていた。

　英語学は60年代より，チョムスキーの生成文法が主流であったが，モデルが何回も変更されることや実用に適さないことが気になっていた。そのため，英語学としては，機械翻訳に応用されていることが社会的に有効な説明責任を果たしていると考え，語彙機能文法とモンテギュー文法のみを教えた。カテゴリー文法は理論的な枠組みが完全性定理を満たすものであるが，応用性がないため教育資料とは考えなかった。一般句構造文法や首部駆動型句構造文法は電算機に偏りすぎているため，生成文法は出発点からして理論上無理があることを数学者たちが指摘していたし，学習可能性（learnability）の観点でも人間が言語を獲得していく枠組みとして採用できないと1960年の初頭からコンピュータ科学の学者が証明していたため，教育資料にはしなかった。プロトタイプ理論については心理学を勉強していた関係で1970年代前半からよく知っており，

私の博士論文の一部でも取り上げていた。プロトタイプ理論は語彙機能文法とも結び付きがあり，私の定義したプロトタイプは，脳内の情報処理やピアジェが思考パターンの発達を説明するものとして提案した8個の群性体とも結び付いている。これは，在任期間中に仕上げたい研究の一つである。英語教育学に関連する「英語学の基盤」はチョムスキーの提案した「説明的妥当性」と「記述的妥当性」を考えるようになっていて，「人が習う体系」「外部から入力されるインプット」「認知内で解析される仕組み」「発話の仕組み」の4つはすべて合致するべきだともいえる。この点は論理学上の証明は済んだものの発表していないので，今後の課題である。英語教育の中での英語学のキーワードは以下の二つである。

- 説明的妥当性：教えるべき英語学は人の言語獲得の過程を説明していることが必要条件
- 記述的妥当性：教えるべき英語学は cross-linguistic generalization を満たしていることが十分条件

私の本物志向と同時並行的に，英語教育学でもう一つ柱に考えていたことがある。当時，日本で発行されている英語教育の専門誌では，すでに有名になっている大家や実践者の体験談が語られていることが多かった。若き研究者が授業実践で効果があると感じていることを，教場で実験を遂行し，証拠を提出しながら教育方法を提案するということが少なかった。この考えに基づき，統計分析を含むリサーチ方法を修士課程での教育材料とした。キーワードは二つあった。

- 英語教育者は teacher-reseacher である：英語を教えるばかりでなく，リサーチを怠らないのが英語教育者の必要条件である。
- Systematic approach to searching for the answers to the questions：
なぜこの学習者はうまく学習できないのか，なぜこの教育実践は学習者にうまく受け入れられるのか，またはうまくいかないのかなど，教育現場での疑問点につ

いてその解決案を求める努力をしつつ,様々な先行研究について体系的に調査・実験をし,統計分析で証拠を提案していく。確率論を用いて,条件がそろえば100回同じ教育方法を採用した場合,99回または95回は同じ結果が得られることが保証されることになる。

修士論文はこの考えに基づいて指導しており,修士課程修了者はすべてこの精神を受け継いでくれていると思う。教育現場での真理を伝えることこそ英語教育学の柱である。

III. 早稲田大学でのコンピュータ環境を利用した教育実践

早稲田大学の長所の一つは,その保守的な精神と革新的な精神が混在していることである。保守的な精神は学問の伝統を守ることである。革新的な精神はテクノロジーを導入することで科学性を高めながら,きわめて実践的価値の高い教育方法を実験し,実験を積み重ねた後,正規科目として確立できることである。とはいっても,赴任した1990年には,教育学部にはコンピュータ教室も研究室のコンピュータも設置されていなかった。当初,24号館にあった情報科学センターで作文演習の授業をし,米ミネソタ州のOlaf大学の学生と教育学部の学生間でメール交換をすることからITを英語教育に活用することが始まった。教育学部にコンピュータ教室を導入すべく,私自身,電算委員会の委員になるとともに,奥島孝康前総長が早稲田大学のデジタル化を推進されたため,1997年の後期にようやく教育学部にコンピュータ室が設置された。奥島前総長とは登山仲間であったことから,陰ながらデジタル化推進を応援したい気持ちでいっぱいであった。また,白井克彦現総長が教務担当常任理事であった1999年よりデジタル・キャンパス・コンソーシアム(DCC)が設立された。以前より,白井総長が国際シンポジウムを開催されるときは私自身研究発表をしていたこともあって,DCCの活動を知ることとなった。DCCは,日本の主要な情報企業27社から基金を募り設立されたものであった。早稲田大

学内の公募研究や文部科学省の研究助成金のほか，ＤＣＣより資金援助を受け，異文化交流の実践，チュートリアル英語の立ち上げ，大学英語教育での観点別評価リスト（can-do リスト）の作成，英語能力診断テストの作成，複数のサイバーセミナーの設立，遠隔講義の実践，英語測定研究所と共同開発した WeTEC や個人要因の調査方法に基づいた英語指導の方法，オンデマンド授業の作成，グローバル・リテラシー演習，学習者英語のコーパス作成，高校教科書のコーパス作成，英作文のコンピュータによる自動採点方法の研究などを手がけることができた。

1. Cross-Cultural Distance Learning (CCDL)

異文化交流は Cross-Cultural Distance Learning（ＣＣＤＬ）という名称で呼ばれている。早稲田大学がアジアでの存在をより強固なものにするというアジア展開推進室という構想もあったが，ＣＣＤＬの活動は独立したプロジェクトとして成立した。テキスト・チャット，音声チャットを利用するので時差を考慮する必要がないことも利点の一つであるが，何よりも学部生も大学院生もアジアについての知識が希薄であり，アジアに友達ができるということは学生の将来を考えたとき，この交流が大切であると思われた。学部生のＣＣＤＬのワークプランは以下のようであった。

❶ 顔写真と自己紹介文をＣＣＤＬ専用 Web ページに掲載する。
❷ 英語を共通語として使用し，オーセンティックなコミュニケーションを実体験する。
❸ メールでチャットのアポイントメントを取る。
❹ チャットは 45 分以上行い，相手の文化や社会についての質問をする。
❺ チャット終了後，毎回 200 語の英文サマリーをＣＣＤＬ専用 Web ページに掲載する。
❻ 友人のサマリーを読み，感想をホームページに書き込む．

❼ 前期に最低6回チャット交流をし，できればチャット分析を行うことによりコミュニケーションの効果を確認し，教場ではパワーポイントでプレゼンテーションを行う。

　ＣＣＤＬの交流は当初（1999年では），4カ国4大学の学生が教育学部，政治経済学部，文学部の学生と交流した。2001年では16カ国30大学，1585名，2002年では17カ国33大学，3339名，2003年20カ国43大学，3181名，2004年では21カ国44大学，3500名が受講した。
　現在では，チャットよりもオンラインでリアルタイムのテレビ会議システムを利用したディスカッションが中心で，デジタル・ビデオを参加大学生が作り，交流の材料にしている。この交流を通じて卒業後もメールのやり取りをしている者もおり，アジアにおける早稲田大学の知名度も上がり，オンデマンド教材を参加大学から提供してもらっている。現在のＣＣＤＬは異文化交流の経験度とチュートリアル英語のレベルに応じて，2段階の交流形態を用意している。
ＣＣＤＬ　❶　（「チュートリアル英語」初級を受講した学生，または中級を受講中の学生）

- ❶　ＩＴ基礎能力の定着（メール管理の日常化，ＢＢＳ，パワーポイント，情報検索）
- ❷　異文化対応能力の育成
- ❸　英語力の基礎固め
- ❹　自国の文化・社会についての発信

ＣＣＤＬ　❷　（「チュートリアル英語」中級を受講した学生，または上級を受講中の学生）
- ❶　ＩＴ活用能力の養成（効果的なパワーポイント，デジタル・ビデオ編集，Excelを利用してデータのグラフ化，統計処理，データ分析，情報の整理・分類・分析）
- ❷　ストラテジック・コンピタンス（strategic competence）の養成

❸ アカデミック・ライティング（academic writing）の要素を取り入れた報告文の作成
❹ 自国の文化・社会を効果的に提示できる能力の育成

2. チュートリアル英語とプレイスメント・テスト

　チュートリアル英語はメディアネットワークセンター（MNC）のプロジェクトとして，1996年度から始まった。ネットワーク型の英語教育で，4人一組になり，CCDカメラでチューターや友人の顔を見ながら，英語コミュニケーションを実践するというもので，文学部の平埜雅久教授が，プロジェクト代表者であった。現在はコンピュータ・ネットワークは予習・復習で利用し，2001年度にチュートリアル・レッスンそのものが対面型に切り替わった。その際，教科書作成，教員指導書作成，ビデオ教材作成の監修，チューターのワークショップ開催などを担当した。2002年度のチュートリアルのテキスト改訂，現在 Listening and Writing through the Internet と呼んでいるコースの設立にも関わった。この対面チュートリアルは，受験勉強としての英語をコミュニケーションの道具としての英語へと知的変換させることに役立っており，延べ24時間の授業で，TOEIC のスコアが平均で59点上昇している。2001年度1000名，2002年度2500名，2003年度5000名，2004年度8500名がこのチュートリアル・レッスンを受講している。受講希望者は1万5000名ほどいるため，2005年度は1万2000名の参加規模を予定している。2003年度，早稲田大学は「特色ある教育プログラム」を提供していることで文部科学省から認定を受けたが，その際，チュートリアル英語が果たした役割は大きい。2001年度後期以降のすべてのテキストを監修しているが，毎週平均5時間，4年間休まず続けている。

　チュートリアル英語では，能力別の指導をするため，プレイスメント・テストが必要になった。当初，TOEIC-IP が採用されたが，2003年度には教育総合研究所の公募プロジェクトとして，オンラインのプレイスメント・テストを作

成し，テスティング分析をしたところ，信頼性・妥当性とも充分であったため，早稲田大学インターナショナルがＣＤ-ＲＯＭ版を2万枚作成し，自己診断テストとして使った。2004年度は教育測定研究所とともに，WeTECおよびWeTEC-miniを作成した。このテストはオンラインで受験できるcomputer-adaptive testで，項目応答理論に基づいて作成されている。ディクテーション，単語テスト，会話スキーマ，文法，まとまりのある文章の要旨の聞き取りなどから構成されている。

　チュートリアル英語での観点別評価リスト（can-doリスト）は，Common European Framework of Reference for Languages; Learning teaching, assessmentを参考にし，各レッスン2つの目標を定め，一般英語とビジネス英語とを分けて作成した。現在では，チューターが授業参加率，予習・復習，遅刻の程度を含め，オンラインで採点できるようになっている。

3. 学習者英語のコーパス作成，英語の達人コーパス，高校教科書のコーパス作成

　教育のオープン化という構想が1996年度から3年間，早稲田大学で実行された。その際，日本人で英語の達人と言われるような人々の英語はどんなものかを研究し，日本人の英語教育の最高目標を見極めようということで，「英語の達人コーパス」を作成した。英語の達人2名の講義を1年間ビデオに収録し，英文転写を行った。次に，文部科学省の助成金を得て，学習者コーパスを作成した。中学校から大学2年生の英文日記，英作文，Ｅメール，エッセイ，Picture Description（英語検定試験で用いられているような，提示された絵の記述），ＢＢＳ等，テクスト・チャット・データが主であるが，口語英語も多少含まれている。これらのデータには品詞タグをつけ，学習者コーパス用のエラータグも提案した。1998年には報告書も作成した。教科書コーパスは，1999年に中学校と高等学校の教科書をすべて電子化し，現在でもインプットの影響を調べたり学習者の項構造を調査するために使用している。学習者コーパスは

1998年以降もＣＣＤＬのログを用いて毎年増強している。

4. サイバーセミナーと遠隔講義の実践とオンデマンド・インターネットコース

サイバーセミナーは1999年度に韓国の高麗大学と開始し，現在においても週1回または週2回継続している。サイバーセミナーは20名程度のゼミ形式の遠隔ネットワーク型の授業で，主として大学院の研究交流の場である。

Post-graduate Seminar between Waseda University and Korea University (Applied Linguistics)
Post-graduate Seminar between Kangwon National University and Waseda University (American Literature)

遠隔講義も1999年から開始した。1999年の講義科目は以下のものであった。

Professor Alan Davies: Current Issues of Applied Linguistics
 － Department of Theoretical and Applied Linguistics, University of Edinburgh
Professor Ian Neary: Human Rights and Japanese Values
 － Department of Government, University of Essex
Professor Kyung-ja Park et al.: Integrated Studies of Applied Linguistics
 － Dept. of English, Korea University
Dr. Hugh Trappes-Lomax: Language in use
 － Institute of Applied Language Studies and Department of Theoretical and Applied Linguistics, University of Edinburgh
Professor Michael Long: SLA lecture program, Age differences and the sensitive periods controversy in SLA, Theory change in SLA

― University of Hawaii
　　Professor Dick Schmidt : Motivation and SLA
　　Professor Catherine Doughty : The effects of instruction on SLA

現在では，4月に開催されるＲＥＬＣの国際セミナーの招待講演や基調講演を遠隔講義として毎年開講している。

SEAMEO RELC Lecture Series
　　Dr. Les Bell : Leading Educational Change
　　Dr. Jack C. Richards : Current Trends in Language Teaching Today
　　Dr. Jack C. Richards : Exploring Teacher Expertise in Language Teaching
　　Mrs. Goh Chi Lan, RELC Director : The Education System of Singapore
　　Dr. Gopinathan, Dean : The Bilingual Society
―National Institute of Education, Singapore.
　　Dr. Ronald Carter : Grammar for the future
―University of Nottingham
　　　Dr. Tony Hung : What can linguistics contribute to the teaching of Grammar
　　　　-Hongkong Baptist University
　　　Dr. Joseph Foley : Critical Literacy in the Southeast Asian Context
　　　　―RELC Adjunct Professor
　　　Thomas Khng : The Role of SEAMEO RELC in Language Education in the Region
　　　　―RELC Deputy Director

NUS Lecture Series
　　　Dr. Ng Wai-ming：シンガポールにおける日本漫画文化とその影響，アジアにおける日本の大衆文化ブーム，21世紀の文化グローバライゼーションについて
　　　　―National University of Singapore

寺田先生が「アジアの共生」のオンデマンドを,「世界の英語たち」の講義を以下の教員が担当した。

アジアの共生

Professor Takashi Terada, National University of Singapore

Professor Shin Mannsoo, Korea University

Professor Bhanupong Nidhiprabha, Thammasat University

Professor Toshihiko Kinoshita, Waseda University

Professor Zhaang Jun, Fudan University

世界の英語たち (World Englishes)

- Korean English

    Prof. Kyung-ja Park, Korea University

    Prof. Hikyoung Lee, Korea University

    Prof. Kyuntae Jung, Hannam University

- Chinese English

    Dr. Yueping Wang, Capital Normal University

- Malay English

    Prof. Azirah Hashim, University of Malaya

- Singapore English

    Prof. Anne Pakir, National University of Singapore

- Philippine English

    Dr. Danilo Dayag, De La Salle University

- Hong Kong English

    Prof. Tony T. N. Hung

    Hong Kong Baptist University

- Indian English

    Prof. Tej K. Bhatia, Syracuse University

- Taiwan English

Taiwan Normal University
- Japanese English
   Prof. Yoji Tanabe, Tokyo International University
   Michiko Nakano, Waseda University
   Koichi Ano, Waseda University

　時差の影響が少ないという利点から，現在ではほとんどの遠隔講義はインターネット・オンデマンド方式に切り替わっている。2004年には早稲田大学全体で約200コースがオンデマンド化され，英語教育の分野では2004年9月現在で以下のコースが開講されている。

Rod Ellis, Task-based Language Learning and Teaching, 8講義
Hugh Trappes-Lomax, Language in Use, 8講義
Alan Davies, Current Issues in Applied Linguistics (II), 10講義
Andrew Cohen, Speech Acts and Second Language Acquisition, 4講義
Andrew Cohen, Assessment, Learning Style and Learning Strategies, 10講義

5. グローバルリテラシー演習

　早稲田大学では，2000年度よりオープン教育センターが設置され，学部の垣根を越えた教育がなされることになった。その中で，テーマカレッジが創設された。テーマカレッジは，4人以上の複数教員が，あるテーマに基づき，演習形式で20名の学生を徹底的に鍛えるというものである。Teaching Assistant (TA) をつけることも可能で，個人指導が実現されている。平埜雅久，勝方恵子，Victoria Muehleisen，松坂ヒロシ，飯野公一，森田典正，福沢一吉，村田久美子，大和田和治等の教員の賛同を得て，「国際コミュニケーション・カレッジ」を立ち上げた。私が担当したのは「グローバルリテラシー演習」で，現在では大和田氏が取り仕切っている。この演習は，チュートリアル英語

を必修とし，時事問題を取り上げ，韓国の高麗大学と毎週討論をするというものである。

6. 個人要因を取り入れた個別指導の方法の開発

個人要因の調査方法に基づいた英語指導の方法の開発については，行名 (2003) の博士論文を土台に，学習動機，学習スタイル，学習ストラテジー，学習不安，学習性向を調べるアンケートを作成した。これら5分野は，英語学習を左右する要因をすべて網羅しているといえる。まず，449名の大学生から学習形態の好みと5分野143項目についてアンケート調査をした。その後，各調査分野について因子分析をした。その結果，学習ストラテジーの調査項目を62項目から24項目に，動機は21項目から10項目に，不安は33項目から11項目に，学習者性向は27項目から8項目に減らすことができた。全体では143項目が53項目に激減したことになる。信頼性は $0.75 < \alpha < 0.90$ となった。授業形態と個人要因の相関をとっており，2005年度には，コンピュータ上で学習形態についての個別指導を行えるようなシステムを作成することになっている。

7. 英作文のコンピュータによる自動採点方法の研究

教育測定研究所との共同研究である英作文のコンピュータによる自動採点方法の研究についても簡単に述べたい。現段階では和文英訳方式である。和文に対する複数解答をテンプレートとしてシステム内におき，学習者の英文に対してマキシマム・エントロピーにより，正しい文との距離を計測して採点し，かつ助言が生成される仕組みを考案している。文解析には語彙機能文法の所見を取り入れる予定である。文単位での仕組みを完成した後は，文章単位の解析へと拡張していく。同時に，修士課程の学生の中には音声処理に興味を持っている学生も多いので，音響・音声分析を取り入れることで，英語口語発話の計測

とテストも手がける予定である。ここには書くスペースがなかったが，学習者の発話の社会学的な分析，ディスコース分析，談話機能分析，accuracy（正確さ）と fluency（流暢さ）の関係とその要因についても研究を続けているので，英語口語発話の Proficiency Test の作成も夢ではない。

IV. 21世紀の英語教育：段階を踏んだ英語指導

これまでに述べた研究と教育実践に基づき，現在早稲田大学では次のような段階を踏んだ英語指導を提案するにいたっている。

英語力向上のための3ステップ

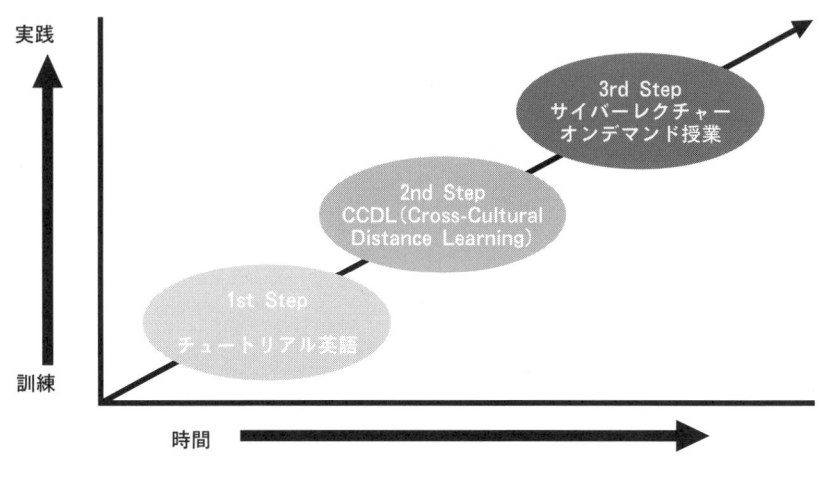

図1

この著書の目的は，この段階を考えた英語教育のいくつかの方法について概説し，かつ，小学校・中学校・高等学校の各段階で，われわれの研究成果に基づいた提言をしていくことである。

参 考 文 献

- 中野美知子（編）(2005).『英語は早稲田で学べ』東洋経済新報社
- CCDL 研究所（2003）. *Research Reports on Cross-Cultual Distance Learning* Vol. 1, Vol. 2, Vol. 3
- CCDL 研究所（2005）. *Research Reports on Cross-Cultual Distance Learning* Vol. 4, Vol. 5

第1部

実践に役立つリサーチ

第1章

なぜリサーチが必要か
―実践から研究へ，研究から実践へ―

I．はじめに

　実践と研究，それは教育現場に身を置く自分自身が日々向き合っているテーマでもある。このテーマについて考えるときいつも心に浮かぶエピソードがある。今から十余年前，筆者の一人は専任の職を非常勤にしてもらって，社会人学生として修士課程で英語教授法や言語習得を学んでいた。当時は現場での問題意識をもって大学に戻り，研究というものに自分なりに取り組んでいるつもりだった。そんなある日，英語教授法研究（だったかどうか記憶が定かではないが）の授業のあと，ほかの学生と応用言語学や応用心理学などの応用研究について雑談をしていた。自分たちの行っていることが，理論研究を実践現場に応用するなどの応用研究に属すると考えていたからである。雑談の中で，応用言語学や応用心理学はむなしい。現場に密着した研究をしているつもりなのに，理論研究の分野（心理学や言語学）からは，応用○○はトッピングだけで研究として粗いと見られている，といった類の言葉がふと口から出た。このような言葉が出てきたのは，実践をどう研究に結びつけていったらいいのか自信が持てず，また理論研究に対して負い目のようなものも感じていたからかもしれな

い。突然，恩師が聞き捨てならないという口調で割り込んでこられ，だから言語学や心理学の研究者も唸るようなきちんとした研究をしなければならないこと。研究は現場に役に立ってこそ価値があること。あなたたちこそ，現場に役立つような研究をしなければならないこと，などを諭された。生意気なことを言ってしまったなという反省があったが，実のところその時点で恩師の言葉を深くしっかりと受け止めることができていたかどうかは疑問である。当時，日本語教育の現場どっぷりの毎日の生活から，勉強したいという意欲に燃えて学生になり修士論文に取り組んでいた自分は，即効的な学問（そんなものはあるわけはないのだが）を身に付けて現場での問題意識をなんとか研究という形で成果にしようとしていたのだった。問題意識こそ現場から生まれ，その問題を解決して現場に生かしたいと強く願っていたのは事実だし，そのために大学に戻ったのだったが，その時点では実践の中から研究を行うことの重要さがわかっていなかったのではないかと思う。恩師は実践に生かせない理論だけの研究のむなしさも射程にいれられていたと思う。

　なぜ，現場で働いている教師にとってリサーチが必要か。一般的には現場で生じた問題についてリサーチから解決のヒントを見いだし，現場に適用することによって現場の問題を解決することができるからだと考えられているのではないだろうか。他者の既存研究が自分の問題に対して，解を有しているからだと言えよう。さらにそれに加えて，研究という刺激的な体験が現場教師をよりグローバルな視点へと導く効果は大きいと考えるものである。現場教育だけでは，日々がマンネリ化し，新たな創造的貢献を行うことは難しい。

　確かにそういう側面は大きかったし，今後もその効果は大きい。しかしながら，時代の急速な変化を背景に，研究と実践の関係が新たな段階に入りつつあるというのが，筆者らの基本的立場である。新たな時代に目指されるリサーチがどのようなものなのか，さらに言えば，どのようなものに変化させなくてはならないかを考えてみよう。

II. 実践の中にリサーチがある

どのような研究が必要になってきているのかという問いに対して，研究と実践は一体であると主張する。

過去においては研究をする研究者，実践をする現場教師という役割分担があった。理論を実践現場に適用する応用研究は，トッピングだけで研究として深みがないとか，応用は理論の実証に具されるものという評価があり，ともすると理論研究は実践のための応用研究よりも一歩高いかのような匂いや扱いを受けてきた。ここでは研究（理論）と実践は完全に二分化されていて，応用研究はもっぱら実践のために理論研究を「応用する」分野とされてきた。「応用」しかしない研究であれば，理論よりも低い位置づけになるのは当然である。研究と実践が二分化された関係を図示すると，図１のようになる（図１「研究と実践の関係」(a) 参照）。

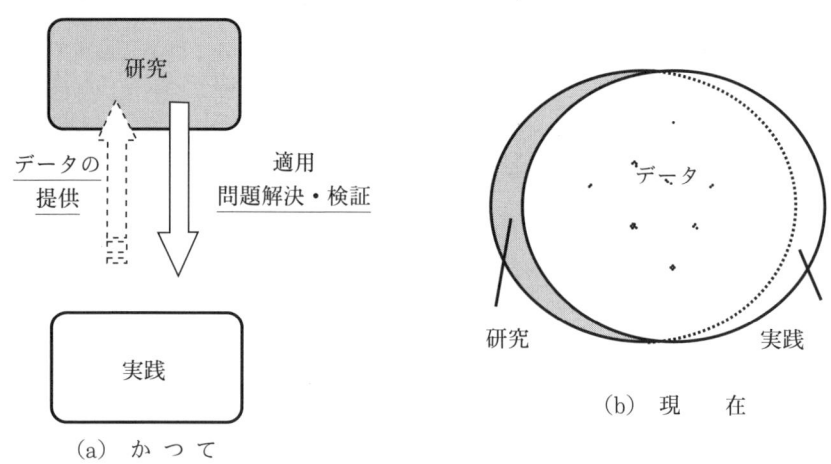

図１　研究と実践との関係

例えば，昔のようにのんびりと変化も乏しい中で，しかも教育目標も画一的

な場合には，一度明らかにした研究成果の汎用性は大きい。したがって，現場教師はそれを遵守すればよかったかもしれない。ここでは研究と実践は分かれていてもよかったのである。

しかしながら，現在私たちが置かれている状況は根本的に異なってきている。空間的にはよりグローバル化，時間的にはより短縮化の道をたどっている。教育におけるグローバル化とは，異なる経路依存性（経路依存性とは，たどってきた道程によって影響を受ける歴史や価値観のことを指している。したがって，経路依存性が異なるということは，異文化の者が共存する状況であり，一方から他方のことを容易に推定できない状況を意味する）を持った学生と教師間の教育問題に帰結するし，ＩＴの発展等を背景に関係性を飛躍的に高めた教師と学生が，より短期間により高度な成果を生み出そうとすれば，その動きの連鎖も，複雑性（complexity）を呈してくる。この両者の状況下では，過去のインプットとアウトプットの関係性を既知とした計画的な活動は破綻せざるを得なくなるのである。なぜなら，お互いに相手のことを推定できない状況において計画を立てることは難しいし，仮に立てられたとしても，すぐに別の価値観や歴史をもった新たな参入者によって，その計画の前提が簡単に突き崩されてしまうからである（舘岡 2001）。

つまり，帰納的抽象化は現在のリアリティーにおいて成立しても，次の瞬間のリアリティーにおいて成立するとは限らなくなっていくのである。理論をもとにした演繹的積み重ねによる予想も時間的に現象が繰り返されるリアリティーにおいて，初期値の微妙な違いにおいて，まったく違う結果へと誘導されてしまう。換言すると，再現性が担保されにくい時代に入ってきたということなのである。たとえば，かつては諸条件を統制し実験室の中で純粋培養的に行った実験は，再現性が高くより一般化しうるものであり，その結果，さまざまな現場への適用可能性が高いと考えられてきた。しかし，現実には実践現場はたえず動いており，そのような実験の成果はそのままでは実践現場では役に立たないものになっている。

高度に情報化された社会，そしてその情報が共有化され絶えず活動を構成す

る参加者が目まぐるしく変化している現代にあっては、研究成果の時間的寿命がどんどん短命化してくるのである。なぜなら、対象が絶えず動き出してきているからである。したがって、静的な法則ではなく、研究者は自ら動きながら、動きを制する法則の発見が必要になってくる。この意味で、研究者も実際の現場の動きから、離れられなくなってきたと言える。ゆえに、アカデミックの世界の研究者は自身の成果を現場で問いただせることが一層大切となる。現場を持っている教師にとっても、現場実践を研究成果に生かし、さらに現場に還元することが大切である。動きを記述する研究の必要性の中で、研究と現場はまさに一体化しつつあるのである（図1「研究と実践の関係」（b）参照）。つまり、実践と一体となった研究に主流がシフトすると考えられる。

筆者らはこのような状況を踏まえて、過去において別れていた研究と現場を統合する言葉として、「研究と一体化した実践現場」と「実践現場と一体化した研究」という意味で、「研究・現場」という言葉を使用し、自身の足の置き場としている。これは研究という言葉でも現場という言葉でも表せない研究＝現場を意味している。研究も現場ももはや単独ではありえず、その相互作用が絶えず「研究・現場」で問いただされるように、現場も研究も変わることが大切なのである。本書はこのような視点から現場実践と研究が一体となっている「研究・現場」の成果物であり、最新の技術進歩が創造的に教育に応用一体化されている。

では、そのような「研究・現場」の一つの実例を次にみていこう。

Ⅲ. 実践の中のリサーチとは―自己開示としてのリサーチ―

先に実践とリサーチは一体である、と書いた。では、そのように一体化したものをどうやって研究対象とするか。それには、日々の実践を内省することが必要だ。教育現場はさまざまな要因が複雑に絡み合い日々または時々刻々動いていて、教師はその中で即興的に実践をしている。即興的に、というのは準備をしないという意味ではない。十分に準備したとしても現場は動いており、予

測通りにことが運ばず，相手や状況に合わせて当初の予定を刻々変更しながら実践している。このとき，我々は何を基準として行動しているのだろうか。この基準は教師自身の現場経験や勘に裏打ちされた暗黙知のようなものかもしれない。この無意識なるものを内省によって意識化すること，これが実践の中に埋め込まれたリサーチの第一歩である。現場の問題を解決しようとしたとき，往々にして問題自体が明らかでない場合が多い。何が問題なのか。複雑にからみあった現場からどう問題点を浮かび上がらせるか。それは，自分自身が無意識に行っていた実践を意識化し暗黙知を明示化し，検討の俎上に載せるところから始まる。

具体的には何をすればよいのか。筆者らは，実践の外化（自己開示）を通して内省の機会が与えられ，「気づき（awareness）」が生まれうると考えている。ここで，気づきは重要な意味を持っている。まず，自分が行っている実践を外に出してみる，つまり明示的でなかった実践を何らかの形で外に出して見える形にしてみるのである。具体的には研究会のようなところで発表したり論文に書いたり，また実践の一部を取り上げて実験や調査を行ってみるのである。見えなかった過程を見えるようにすることによって，第一に自分自身の考えが整理される。第二に見えるようになった結果，他者の目に触れやすくなり（研究発表や論文はその直截な形だが），アドバイスや異なった視点からの指摘が得られる。第一の場合も，第二の場合も，明示化のプロセスの中で内省が促され気づきが生まれるのである。この気づきこそ問題点の発見に大いに貢献する。

自己開示の機会を通して気づきが得られ，そこから創造的な工夫が生まれ，さらなる実践がなされる。その実践をまた外化（自己開示）によって内省し，気づきを得て工夫を重ね実践を行う。このようにして，実践→外化（自己開示）→内省→気づき→工夫→実践というサイクルが繰り返される（図2「実践とリサーチのサイクル」参照）。このサイクルは，気づきの連鎖に支えられた過程である。この過程こそがリサーチであり，リサーチが実践と一体であるということの意味である。リサーチとは実践と離れて棚の上にあるものではない。棚の上にあって，そこから取ってきて実践に応用するというものではない。リサー

チと実践は一体なのである。

　なぜリサーチが必要か。実践者がトッピングとして利用する，または実践を評価するものとしてリサーチがあるのではない。実践から生まれ，実践を内省する中で気づきを生み出す過程こそがリサーチであり，そのようなリサーチが必要であり，今後の主流となっていくのである。

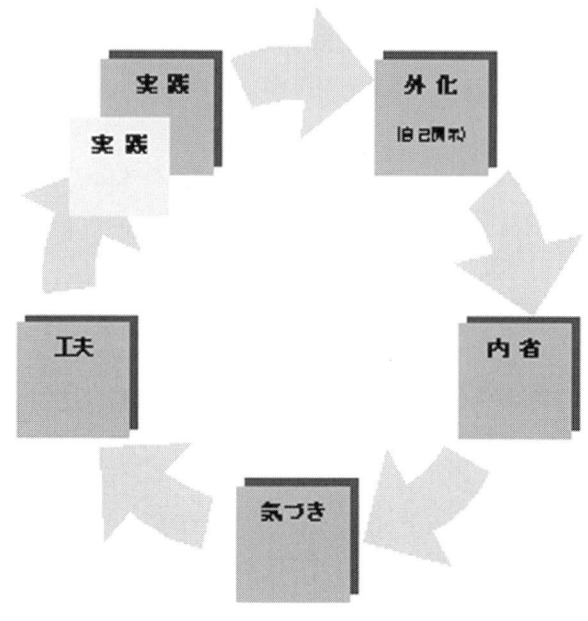

図2　実践とリサーチのサイクル

IV.　具体的な事例

　今まで述べたことを，具体的な例をあげて説明してみたい。ある教育実践者Tさんの場合を検討する。Tさんは教師である。教えることに興味を持ち教師の道を選び，現場で試行錯誤を重ねながら日々戦っている。授業は失敗も多く重ねてきたが，経験と共にある一定のレベルは保てるようになったようだ。実

践の向上を目指したいが何から手をつけていいのかわからない。

　例えば，読解の授業だ。読みのプロセスが見えないために読み手が何を考えてどこで躓いているのかわからない。自分の設問は果たして役に立っているのかどうかわからない。そこで，学習者の頭の中を覗く試みを思いついた。これは「プロトコル分析（第1部第3章IVを参照のこと）」という形で調査を行った。また，自分の実践や調査結果を学会発表したり，いくつかの論文に書いたりした。これらの活動を通してＴさんに起きた大きな変化は，自分の日々の実践の中の行為のそれぞれに対して，今まで一生懸命にしかし漠然と行っていたことを意識して行うようになった。また，意識化のおかげで以前は気づかなかったような学生の反応にも気づき，疑問や問題意識が生まれた。

　プロトコルをたくさんとる中で，学習者が読みの過程で行う自問自答に注目するようになった。自問自答とは問題解決の過程である。では，この問題解決の過程を読解の授業の中に取り入れることはできないものか。読解は今まで読んだ結果を授業で扱うことが多かった。しかし，この読む過程の自問自答そのものを授業で扱うのである。そこで，学習者個人が行っている自問自答を他者に向けて行ったらどうか。他者との対話の過程で多くの学びや気づきが得られるのではないか。Ｔさんはこのアイディアを現場に合うように工夫して実践した。実践しながら，仲間の教師に話したり研究会で報告したり論文に書いたりして，自分の実践を開示した。開示の過程で自分自身の考えが整理され新しい気づきが生まれたし，開示の結果，他者から多くのフィードバックを得て，また工夫が生まれるヒントとなった。

　このような，実践→外化（自己開示）→内省→気づき→工夫→実践というサイクルを通して，Ｔさんの実践は改善されていった。現場を良くするためのこの一連の行動はリサーチそのものであり，またＴさんの教師としての成長を促す重要な意味を持つことになるのである。

V. おわりに

　リサーチはなぜ必要かという問いは，必要なリサーチとは何かという問いに代替される。時代（リアリティー）に合わせて進化，進歩しているリサーチこそが大切なのであると考える。私たちが求めているリサーチは，実践と離れて抽象的に存在するものではない。実践の中から生まれ，実践に生かされるものである。自らの実践を他者に開示し，他者との広義の対話から生まれた気づきを工夫やアイディアに結晶化させ，さらに再びそれを実践し，他者に開示するというサイクルを積み重ねていく。

　教師はまず現場において教育実践者である。それは知識の伝達者の部分も含まれるが，学びを生み育む環境を設計するデザイナーであり，さまざまな要素を臨機応変にコーディネートするコーディネーターでもある。また，実践の現場においては意味ある活動が生まれるように生徒たちの学びを促すファシリテーターでもある。その実践のプロセスにおいて教師自身も試行錯誤し学び，成長する。このような実践と研究の連続行為こそが来るべき時代にふさわしいプロセスとしてのリサーチなのだと主張する。

　現在は，研究と実践現場はまだ完全に一体化しているわけではない。お互いが近づきつつある過渡期だといえよう。本書によって，研究と実践現場の新たな時代にふさわしい可能性を感じてもらえれば幸いである。第1部では，実践に役立つリサーチの方法が紹介される。各自の実践現場の問題意識に合わせて適宜利用することができるであろう。また，第2部では小学校から大学までの英語教育のあり方について，それぞれ何をどこまで学ぶべきかその連携と分担が検討される。これらの具体的な提言をふまえ，21世紀の英語教育がより豊かな実りあるものとなることを期待する。

参 考 文 献

- 舘岡康雄(2001).「エージェントの利他性がもたらす経済合理性―支援定義の精緻化とその含意」『経営情報学会誌』第10巻第2号, pp. 31-51.
- 舘岡康雄(2004).「"支援"の理論化と実証化に関する研究―利他性なビジネスモデルがもたらす経済合理性」東京工業大学社会理工学研究科博士論文
- 舘岡洋子(2005).『ひとりで読むことからピア・リーディングへ―日本語学習者の読解過程と対話的協働学習』東海大学出版会

第 2 章

自分でリサーチを行うには

　この章では，リサーチを実際に自分で行ってみる場合にどのようなことが必要になるか，またリサーチをする際の手順，およびより科学的客観的にリサーチを行う際に必要な統計について述べていく。

I. リサーチをするとは

　リサーチを行う場合にまず重要になることは，「何を調べたいか」ということである。「何を調べたいか」という疑問は，リサーチクエスチョン（research question）とよばれ，リサーチをする最初の一歩となる。例えば，「去年のクラスと今年のクラスの学力に違いがあるのか」，あるいは「現在の授業の教え方は効果があるのか」といった実際の教育の現場での経験から生じる疑問を確かめるためのものから，ある論文を読んだ際に，そこに書かれた結果に疑問を抱き，「結果の妥当性を自分で確かめたい」といったようなものがリサーチクエスチョンになるといえる。

1. リサーチデザイン（実験計画）

リサーチを行うことによってあるリサーチクエスチョンに対する答を見つける場合，最も重要な点は行う実験が本当に自分が調べたいと思っている事柄を調べるのに役立っているかということである。実際に実験を行って，ある事柄を調べようとする際には，様々な他の要素（バイアス）が入りこんでしまい，実際に調べたい事柄が適切に調べられないということがしばしば起こる。そこで，実際にリサーチを行う際には，いかにバイアスを排除して，調べたい要素だけを取り出せるかが成功のかぎとなる。そのため，実験計画を綿密に立てることにより，できるだけバイアスを排除するという方法がリサーチをする際にはとられる。

では，実際にはどのようにバイアスを小さくしながらリサーチを行えばよいのかを，いくつかの実験のパターンを紹介しながら，実験計画の実際を見ていく。

パターン❶：同じ実験を同一のグループに繰り返す場合

まずここで，例として，ある教授法 A が効果があるのかを調べるという場合を考えてみる。この場合，同じテストを教授法 A を施す前後で行い，どのくらい点数に差ができるか（教授法 A の効果があったか）を調べる必要がある。このパターンでは，同じ実験を一つのグループに対して，一定の時間を置いて繰り返し行うものである。このパターンは調べる対象が同じ集団であるため，比較的容易に実験が行える。

手順：はじめに教授法 A を行う前の状態をテスト（pre-test：事前テストと呼ぶ）する。次に，教授法 A を使って授業を行い，その後にテスト（post-test：事後テストと呼ぶ）を行う。このときの事前テスト，事後テストの内容は同じである。この際に注意をしなければならないのは，事前テストと事後テストの間に十分な期間（2〜3週間以上）をおくということである。事前テストのあとに，事後テストを行うまでの期間が短すぎる場合，事前テス

トの内容を覚えているために，事後テストの成績に影響を与えてしまうことがあるためである。

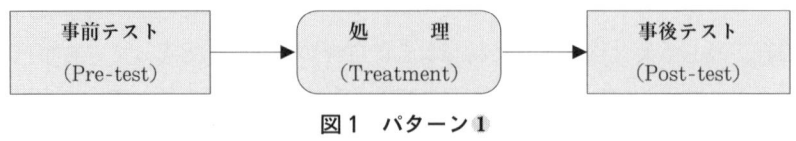

図1　パターン❶

パターン❷：異なる二つのグループを用いた場合

　ここでは例として，教授法Aと教授法Bという二つの異なる教授法を比べて，どちらに効果があるのかを調べるという場合を考えてみる。このパターンにおいては，とりわけパターン❶とは異なり，二つのグループを用いて実験を行う。純粋に教授法だけの違いのみを取り出せるように，その他の要素は極力同じにする必要がある。そのため，実験に入る前に二つのグループかを確認する必要がある。

　手順：まず，二つのグループに対して事前テストを行い，グループのある項目に対する達成度を調べる。

　次に，教授法Aで授業を行うグループと教授法Bで授業を行うグループとに分ける。ここでは教授法Aで授業を行うグループを実験群[1]（experimental group），教授法Bで授業を行うグループを対照群[2]（control group）と呼ぶ。その後，実験群に対して教授法Aで，対照群に対しては教授法Bで授業を行う。

　授業後，それぞれのグループに事後テストを行い，事前テストと比べてどのくらい点数に変化が見られるかをみる。（この場合の事後テストは事前テストと同じものを使用する。）

---

1), 2)　本来的には，実験者が調べたい事象を施した（処理を施した）グループを実験群，実験群と別の処理を与えるグループを対照群，何も処理を与えなかったグループを統制群とそれぞれ呼ぶ。ある処理による効果を調べる場合，実験群と統制群を使って実験計画を立てることが普通である。

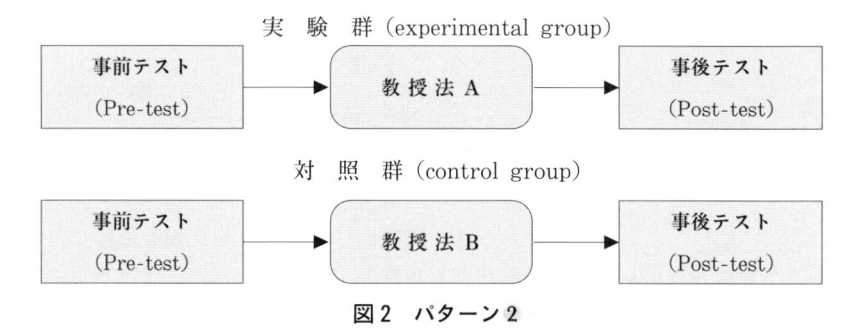

```
       実 験 群（experimental group）
┌─────────┐   ┌─────────┐   ┌─────────┐
│ 事前テスト │──→│ 教授法 A │──→│ 事後テスト │
│(Pre-test)│   │         │   │(Post-test)│
└─────────┘   └─────────┘   └─────────┘

       対 照 群（control group）
┌─────────┐   ┌─────────┐   ┌─────────┐
│ 事前テスト │──→│ 教授法 B │──→│ 事後テスト │
│(Pre-test)│   │         │   │(Post-test)│
└─────────┘   └─────────┘   └─────────┘
```

図2　パターン2

パターン3：同一の実験を繰り返し同じひとつの集団に繰り返し行う

　ここでは，教授法 A を用いて同一のグループに授業を行い，どのように効果が上がっていくかをみる場合を例にとる。このやり方は，熟達度を測る場合に非常に役に立つ。学校における中間テストや期末テストはこの実験パターンと同じものであるといってもよい。

　手順：まず，テスト①をグループに対して行い，理解度を調べる。次に，このグループに対して教授法 A を用いた授業を行う。その後，グループに対してテスト②を行い，テスト①に比べてどのくらい理解度が上がったかを調べる。さらにその後，教授法 A を用いてさらに授業を行い，テスト③を実施し，さらに理解度がどのくらい上がったかをみる。このときのテスト①，②，③は同じレベルのものを用いる。また，必要に応じて，テストを何度行ってもよい。

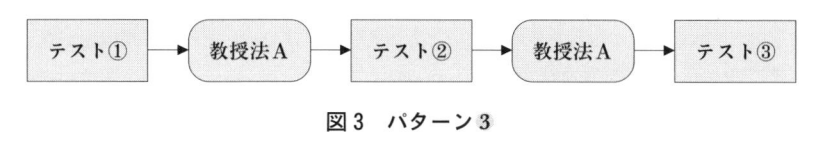

```
┌──────┐  ┌───────┐  ┌──────┐  ┌───────┐  ┌──────┐
│テスト①│→│教授法A │→│テスト②│→│教授法A │→│テスト③│
└──────┘  └───────┘  └──────┘  └───────┘  └──────┘
```

図3　パターン3

II. リサーチに必要な統計

ここまで見てきたパターンの中で，テストを比べるということが重要なことになる。では，テストを比較する際には何を基準にすればよいだろうか。また，どのように比較をすればよいだろうか。一般的にはテストを比較する際には，平均点などを調べるといった数的処理を施すことが必要になる。ここでは，どのような数的処理（統計）がリサーチに使えるのかを紹介していく。

1. 代表的な傾向を調べるには

まず，あるテスト内容を見るときに，どのような傾向をテストを受けたグループが持つかを調べることが重要である。以下のような数値がグループのテストの点数の傾向を示す。

表1

- 平均値（Mean）：すべての得点（値）を足して，総数で割ったもの
- 中央値（Median）：測定値を小さい順に並べたとき，ちょうど真ん中にくる値（データが偶数の場合は，中央の2つの得点の平均を中央値とする）
- 最頻値（Mode）：最も度数の多い得点
- 分散（Variance）：それぞれの得点から平均点を引いて，自乗したものを合計した得点を受験者の総数で割って得られる値
- 標準偏差（Standard Deviation）：分散を平方した値
- z得点（z-score）：得点を平均で引いたものを標準偏差で割った値で，平均点が0，標準偏差が1に標準化された得点

表2

テストA	8点	5点	2点	9点	1点
テストB	4点	5点	6点	6点	4点

テストA：合計25点　平均点：5点　分散：3.54　標準偏差：12.5
テストB：合計25点　平均点：5点　分散：1　　　標準偏差：1

上記のうちで平均値が最も親しみのある数値であろう。しかし，実は平均値は，正確な指標とはなりにくい。上の二つのテストA，Bの結果を比較するとわかるように（表2），平均点は同じであるがテストBのほうが平均値に近い値をとっているものが多く，テストAのほうは極端な数値が多いことがわかる。このため，平均点が同じであっても，実際はテストの得点の傾向を正確に代表していないということがわかる。そのため，統計では標準偏差と分散を代表する値として用いる。分散は数値の平均値からのばらつきの度合いを表している。求め方はすべての得点から平均点を引いたものを二乗し，それをすべて足したものを，受験者の人数から1を引いた数で割ると得られる。

$$\text{分散の計算式：} S^2 \text{（分散）} = \frac{(個々の受験者の得点 - 得点の平均点)^2}{受験者の総数 - 1}$$

ここですべての得点から平均点をなぜ二乗するかというと，二乗しないで得られた得点を合計するとゼロになってしまうからである。また，二乗しているため，大きな数になってしまっている分散をもとの大きさに戻すためにはルートをかけると元の大きさに戻る。この分散にルートを掛けたものが標準偏差である。標準偏差の式は以下のようにして求める。

$$\text{標準偏差の計算式：} S \text{（標準偏差）} = \sqrt{\frac{(個々の受験者の得点 - 得点の平均点)^2}{受験者の総数 - 1}}$$

次の節では，この代表的数値を用いてどのように比較をしていくかの統計的手法について見ていく。

2. 仮説検定

前で述べたように，リサーチの第一歩はまず，リサーチクエスチョンを立てることであった。このリサーチクエスチョンからある仮説を立てて実験を行うのである。このリサーチクエスチョン（仮説）が正しいかどうかを検証することを仮説検定という。この仮説検定は表3に示されるような手順で行われる。

表3

仮説検定の手順：
❶ 帰無仮説（null hypothesis）を立てる
　　↓
❷ 対立仮説（alternative hypothesis）を立てる。
　　↓
❸ 検定（testing）を行う。

以下では，ＩＱと英語力についての関係を調べるテストを行い，この二つに違いがあるかどうかを実験するという場合を例にとりながらそれぞれについて説明していく。

ここでのリサーチクエスチョンは，「ＩＱと英語力には関係がありそうだ」ということである。そこで，まず帰無仮説を立てる。帰無仮説とは棄却されることを目的として立てられた仮説のことをいう。ここでは，リサーチクエスチョンとは逆の仮説，すなわち，「ＩＱと英語力には関係がない」が帰無仮説ということになる。帰無仮説は H_0 で表される。

次に，対立仮説を立てる。対立仮説とは帰無仮説を否定したものをさす。ここでの対立仮説は，「ＩＱは英語力と関係がある」である。対立仮説は H_1 で表される。まとめると以下の表のようになる。（表4）

表4

H_0（帰無仮説）：棄却されることを目的として立てられた仮説
　　　　　　（例）　ＩＱと英語力は関係がない。
H_1（対立仮説）：帰無仮説を否定したもの
　　　　　　（例）　ＩＱと英語力は関係がある。

「ＩＱと英語力は関係がある」ということを証明する方がよいと思われるかもしれないが，統計を使って証明できるのは仮説に対しての「反証」を提示することだけである。このために，帰無仮説を否定（棄却）できるかどうかを確かめるという方法をとるのである。

つぎに，いよいよ検定を行うことになる。検定には確率を用いる。そこでまず，検定における確率についてみる。例えば「野球チームＡは必ず野球チー

ムBに勝つ」と言われた場合，どれくらいの割合（確率）で野球チームAが野球チームBに勝てば，この言葉を信じることができるだろうか。恐らく，100回試合をするうちの95回もしくは99回は野球チームAが野球チームに勝つという事実，逆にいうと野球チームBの勝つ確率が1回以下であれば，「野球チームAは必ず野球チームBに勝つ」と言う言葉を信じるであろう。これと同じように検定では，帰無仮説の起こる確率が，どのくらいの確率以下で起これば，帰無仮説を否定できるかを考えるのである。一般に，帰無仮説が起こる確率が5％あるいは1％以下であるならば，その帰無仮説は否定（棄却）することになっている。このときの仮説を棄却する際の基準を有意水準と呼び，αを使って$\alpha = 0.05$のように表される。

3. 検定とその種類

t 検 定：ここでは，仮説検定の手順の最後にあたる検定について見ていく。検定のやり方には目的，対象によって様々なものがあるが，ここでは，英語のリサーチで比較的良く使われると考えられる，二つのグループに差が見られるかに話を限定して，t検定を用いて検定を行うやり方を見ていく。

t検定はt分布と呼ばれる確率を使った検定で，平均値に統計的な差があるかどうかを検定するために用いられる。t検定の式は以下のようなものである。ここでは学習法Aを使ったグループAと学習法Bを使ったグループBに対して実施したテストの結果を比較して，グループAとグループBのテストの結果に差があるといえるかを例として，t検定の仕方を見ていく。まず帰無仮説，対立仮説を立てる。帰無仮説は「二つのグループA，Bのテストの結果には差がない。」であり，対立仮説は「二つのグループにA，Bのテストの結果には差がある。」である。

つぎに，t値を求める。t値は以下の式に当てはめる。
t検定の式：

$$t=\frac{(\bar{X}_1-\bar{X}_2)}{\sqrt{\left[\dfrac{(N_1-1)S_1^{\,2}+(N_2-1)S_2^{\,2}}{N_1+N_2-2}\right]\left[\dfrac{1}{N_1}+\dfrac{1}{N_2}\right]}}$$

記号

$\overline{X_1}$：グループ A の平均点

$\overline{X_2}$：グループ B の平均点

$S_1^{\,2}$：グループ A の分散

$S_2^{\,2}$：グループ B の分散

N_1：グループ A の人数

N_2：グループ B の人数

　次は N_1+N_2-2（この値を自由度と呼ぶ）によって得られる数字と，有意水準を決め（普通は $\alpha=0.05$ にしてよい）それを基に t の表[3]を利用して，それぞれの値の交わる点にある値をみて，t の表に載っている数値のマイナスの値とプラスの値の間に挟まれているかどうかをみる。自由度が 10 の場合を例にとると，$\alpha=0.05$ の時の値は 1.812 である。計算して得られた t 値がもし，－1.812 と ＋1.812 の間に含まれるならば（－1.812＜t＜＋1.812）帰無仮説を棄却することができない。もし，t 値が －1.812 より小さいか，＋1.812 より大きい場合は，帰無仮説を棄却することができる。もし，帰無仮説が棄却されれば，二つのグループに A，B のテストの結果には差があるということが証明されることになる[4]。

　この t 検定を実際行うには，一つの制約がある。それは，調べるグループの人数が 30 人以上は必要であるということである[5]。人数が 30 人以下の場合はノンパラメ

表5

テスト A	テスト B
85	74
65	80
54	64
48	52
75	60
62	65
55	55
34	46
21	17
17	21

---

3) t の表は43頁の表12を参照されたい。
4) t 検定では，二つの比較するグループが同じ分散を持つこと（等分散性）が前提である。

トリック検定を使うことになる。以下では，ノンパラメトリック検定の一つである，ウィルコクスンの符号化順位検定を例として取り上げ説明していく。

ウィルコクスンの符号化順位検定：先にも述べたように，調べたいグループが30人以下の場合は，ノンパラメトリック検定を用いた方がよい。ウィルコクスンの符号化順位検定は，ノンパラメトリック検定の一つであり，関連した2つのグループから得られた得点を基にしてつけた順位を利用して差があるかを検定するものである。

ここでは，同じ英語のテストAとBを10人からなるグループに対して行い，その結果からこの二つのテストの結果（表5）に差があるのか調べるということを例にとって，ウィルコクスンの符号化順位検定の仕方を順を追ってみていく。

表6

ウィルコクスンの符号化順位検定の手順：
❶対応のあるもの同士を対にする
❷テストAの得点からその対になっているテストBの得点を引いて差を求める
❸プラス（＋）の値やマイナス（−）の値に関係なく❷で求めた数値に小さいものから順に順位をつけていく。
❹ ❷で得られた差が0となる場合が一つある場合は除外する
❺ ❷で得られた差に同じ数値となり，順番をつけるときに同順位となる場合は，平均の順位をあたえる。
❻ 2で得られた差をプラス（＋）とマイナス（−）の値に分けて，それぞれプラスとマイナスの値の順位を合計し，そのうちの絶対値の値が小さい方をTとする。
❼ウィルコクスンの符号化順位検定の表を基に，有意水準について値を求め，❻で得られた値が，表に書かれている値と同じかそれ以下の場合は有意とする。）

ウィルコクスンの符号化順位検定の手順としては，t検定と同様まず帰無仮説と対立仮説を立てる。それぞれの仮説は以下の通りになる。

---

5) t検定は，正規分布という分布を前提として仮定している。正規分布はグラフにすると左右対称の釣鐘の曲線を描く。十分な標本数があれば，概してこの分布を取るといわれている。

H_0（帰無仮説）：テストAとBの結果には関連がない

H_1（対立仮説）：テストAとBの結果には関連がある

次に手順に従って，順位の合計を計算すると，プラスの値の合計（順位合計（＋））は24，マイナスの値の合計（順位合計（－））は21となる。このうちの少ない値はマイナスの順位合計であるので，これをもとに有意差があるかどうかを検定表をもとに調べる。❶から❻までのそれぞれの計算を行ったものが表7にまとめてある。表7をみると，マイナスの順位合計と，プラスの順位合計を比べてみると，マイナスの順位合計の方が値が小さいためこの値を使い，ウィルコクスンの符号化順位検定表を見て，有意差があるかないかを調べる。

表7

テストA	テストB	テストA－テストB	順位	
85	74	11	8	
65	80	－15	1	
54	64	－10	3	
48	52	－4	4.5	（同順位であるため4と5をたして平均する）
75	60	15	9	
62	65	－3	6	
55	55	0		（差が0であるため除外する）
34	46	－12	2	
21	17	4	7	
17	21	－4	4.5	（同順位であるため4と5をたして平均する）

順位合計（＋）＝24
順位合計（－）＝21

有意水準 $\alpha=0.05$ で，かつ対の数が9（対の差の合計が0になったものを省いたため）の交わる部分の値を見ると6となっているのがわかる。この値よりも得られた合計の値は大きいので帰無仮説は棄却できず，テストAとBの結果には関連があることが統計的に証明されたことになる。

4. 関連性（相関）を調べるには

人の身長と体重のように，ある二つの事象に関して，何らかの関連性（相関）があるように見られる物は多くある。ここでは，二つの事柄に関連があるかどうかを調べる方法をみる。

例として，あるグループにおいて，英単語テストと英語読解力テストに関連があるかどうかを見てみる。表8はそれぞれの英単語テスト，英語読解力テストの得点を示している。これをグラフにしたもの（表9）を見ると，英単語テストの点数が高ければ英語読解力テストの点数も高いという点で，単語力と読解力にはなんらかの関連がありそうである。

表8

単語テストの得点	10	8	7	5	4	5	4	3	2	2
読解テストの得点	10	8	6	6	5	4	4	4	3	1

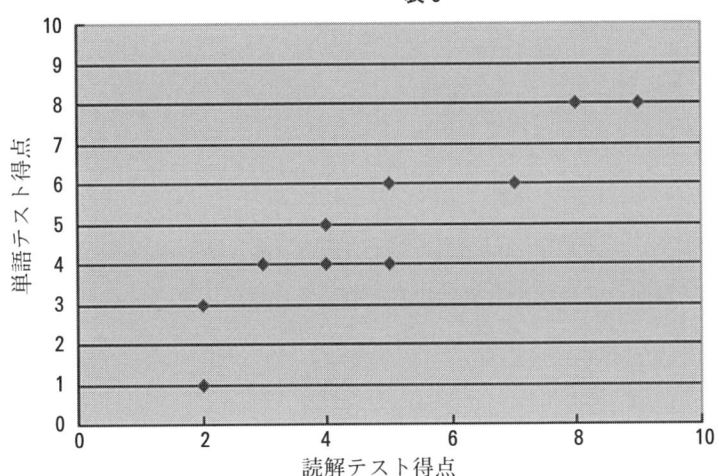

表9

関連性を統計的に示すには相関係数を使う。その計算法は次のようなものになる。

相関係数：

$$r = \frac{\frac{1}{N-1}\Sigma(x_i-\bar{x})(y_i-\bar{y})}{S_{(x)}S_{(y)}} = \frac{x と y の共分散}{x の標準偏差 \times y の標準偏差}$$

x：英単語テスト

y：英語読解力テスト

$S_{(x)}$ と $S_{(y)}$ はそれぞれ英単語テスト（x）の標準偏差，英語読解力テスト（y）の標準偏差を表す。また，$(x_i-\bar{x})$ は英単語テスト（x）のそれぞれの得点から，英単語テストの平均点を引いたもの，$(y_i-\bar{y})$ は英語読解力テスト（y）のそれぞれの得点から，英語読解力テストの平均点を引いたものを表す。$\Sigma(x_i-\bar{x})(y_i-\bar{y})$ はそれぞれの個人の英単語テストと英語読解力テストに対して計算された結果を掛け合わせ，それらをすべて合計したものを指す。ここで用いられている記号 Σ（シグマ）はすべての数字を足し合わせるという意味を表す。この計算式にそって実際に計算してみる。

まず，英単語テストと英語読解力テストのそれぞれの得点からそれらの平均点を引き，それぞれを掛け合わせたものが表10である。

表 10

単　　語	4.1	3.1	2.1	0.1	−0.9	0.1	−0.9	−1.9	−2.9	−2.9
読　　解	3.1	3.1	1.1	1.1	0.1	−0.9	−0.9	−0.9	−1.9	−3.9
単語×読解	13	9.6	2.3	0.1	−0.1	−0.1	0.81	1.71	5.51	11.3

これによって得られた数値を計算式に当てはめると次のようになる。

$$r = \frac{\frac{1}{N-1}\Sigma(x_i-\bar{x})(y_i-\bar{y})}{S_{(x)}S_{(y)}}$$

$$= \frac{\frac{13+9.6+2.3+0.1+(-0.1)+(-0.1)+0.81+1.71+5.51+11.3}{10-1}}{2.2424413 \times 2.18327}$$

$$= 0.921526945$$

この得られた数値で，果たしてどの程度の相関があるといえるかの目安は表11を基準にして考えるとよい。上記の相関係数（$r=0.92$）より，英単語テストと英語読解力テストには高い相関があるといえることになる。

表11

$0.0 \leq r(x, y) \leq 0.2$	ほとんど相関がない
$0.2 < r(x, y) \leq 0.4$	やや相関がある
$0.4 < r(x, y) \leq 0.7$	中程度の相関がある
$0.7 < r(x, y) \leq 1.0$	高い相関がある

また，相関を二乗すると，一方の数値から，他方の数値がどれだけ説明されるかを見ることができる。これは決定係数と呼ばれる。逆に一方の数値から，他方の数値をどれくらい説明できないかは決定係数を1から引いた値で求めることができる。これは非決定係数と呼ばれる。英単語テストと英語読解力テストに当てはめてみると，英単語テストの結果から，英語読解力テストの得点約80パーセントは説明がつくことになる。また，残り約20パーセントは関連を説明できないということになる。

$$r^2：決定係数 = r^2 = 0.849212$$
$$k^2：非決定係数 = 1 - r^2 = 0.150788$$

5. おわりに

以上，リサーチの方法とそれに用いられる統計手法の例をいくつか見てきた。科学的に論証するには，統計を使う方がより説得力が増すことは言うまでもないが，数式が出てくるために英語教育の中では敬遠される傾向がある。しかし，現在ではExcelなどの表計算ソフトの中に，統計を計算できるプログラムが組み込まれており，面倒な計算をしなくても簡単に結果が分かるようになってきている。また，より複雑な条件のもとで，検定を行うためのソフトも販売されている。このようなソフトを用いれば，自ら複雑な計算式と格闘しなくても十分検定を行える。しかし，これらの統計ソフトを使用するときに注意しなけれ

ばならないのは，仮説検定の手順をしっかりと認識し，帰無仮説と対立仮説をはっきりとさせるということである。そうでなければ，結果の解釈を間違うことにもなりかねず，無意味な結果になりかねない。このことに十分注意してリサーチを行ってもらいたい。

　また，第1章第1部で述べられているように，実践と研究をつなぐ道具としても統計は有効である。なぜなら，今までの教育現場での経験則や教師の勘といったものを客観的に評価したり，他者と知識を共有するためにデータをとって処理する時に欠かせないものだからである。

　今後，「理論と実践」「研究と実践」を考える上で，統計が様々な形で使われることになるだろう。

参 考 文 献

- 芝　祐順・南風原朝和（1990）．『行動科学における統計解析法』東京大学出版会
- 田中　敏（1996）．『実践心理データ解析―問題の発想・データ処理・論文の作成』新曜社
- 武藤眞介（1995）．『統計解析ハンドブック』朝倉書店
- 山内光哉（1987）．『心理・統計のための統計』サイエンス社
- Hatch, Evelyn and Lazaraton, Anne (1991). *The Research Manual: Design and Statistics for Applied Linguistics*. Newbury House Publisher.

表12 t の表

df	片側検定の有意差水準					
	.10	.05	.025	.01	.005	.0005
	両側検定の有意差水準					
	.20	.10	.05	0.02	.01	.001
1	3.078	6.314	12.706	31.821	63.657	636.619
2	1.886	2.920	4.303	6.965	9.925	31.598
3	1.638	2.353	3.182	4.541	5.841	12.941
4	1.533	2.132	2.776	3.747	4.604	8.610
5	1.476	2.015	2.571	3.365	4.032	6.859
6	1.440	1.943	2.447	3.143	3.707	5.959
7	1.415	1.895	2.365	2.998	3.499	5.405
8	1.397	1.860	2.306	2.896	3.355	5.041
9	1.383	1.833	2.262	2.821	3.250	4.781
10	1.372	1.812	2.228	2.764	3.169	4.587
11	1.363	1.796	2.201	2.718	3.106	4.437
12	1.356	1.782	2.179	2.681	3.055	4.318
13	1.350	1.771	2.160	2.650	3.012	4.221
14	1.345	1.761	2.145	2.624	2.977	4.140
15	1.341	1.753	2.131	2.602	2.947	4.073
16	1.337	1.746	2.120	2.583	2.921	4.015
17	1.333	1.740	2.110	2.567	2.898	3.965
18	1.330	1.734	2.101	2.552	2.878	3.922
19	1.328	1.729	2.093	2.539	2.861	3.883
20	1.325	1.725	2.086	2.528	2.845	3.850
21	1.323	1.721	2.080	2.518	2.831	3.819
22	1.321	1.717	2.074	2.508	2.819	3.792
23	1.319	1.714	2.069	2.500	2.807	3.767
24	1.318	1.711	2.064	2.492	2.797	3.745
25	1.316	1.708	2.060	2.485	2.787	3.725
26	1.315	1.706	2.056	2.479	2.779	3.707
27	1.314	1.703	2.052	2.473	2.771	3.690
28	1.313	1.701	2.048	2.467	2.763	3.674
29	1.311	1.699	2.045	2.462	2.756	3.659
30	1.310	1.697	2.042	2.457	2.750	3.646
40	1.303	1.684	2.021	2.423	2.704	3.551
60	1.296	1.671	2.000	2.390	2.660	3.460
120	1.289	1.658	1.980	2.358	2.617	3.373
∞	1.282	1.645	1.960	2.326	2.576	3.291

表13 ウィルコクスンの符号化順位検定表

対の数	片側検定の有意水準		
	.025	.01	.005
	両側検定の有意水準		
	.05	.02	.01
6	1	—	—
7	2	0	—
8	4	2	0
9	6	3	2
10	8	5	3
11	11	7	5
12	14	10	7
13	17	13	10
14	21	16	13
15	25	20	16
16	30	24	19
17	35	28	23
18	40	33	28
19	46	38	32
20	52	43	37
21	59	49	43
22	66	56	49
23	73	62	55
24	81	69	61
25	90	77	68

第3章

実 験 研 究

I. 学習者コーパス

1. はじめに

　コーパスとは,「言語研究に使用されることを想定して,実際に書かれたり話されたりした言語をコンピュータ上で利用可能にしたテキストの集合体」(齊藤他, 1998) である。英語教育の分野では,学習者の話し言葉や書き言葉を電子化した学習者コーパスの分析が近年活発に行われている。

　英語科教員および研究者は,データをテキストエディタ等でテキストファイルとして保存し学習者コーパスを作成し,その後コーパス分析ソフト (WordSmith Tools など) を使って研究を行う。その際,学習者コーパスには,多くの場合,文法エラー,特に書き言葉の場合にはスペリングエラーが含まれており,それらをどう処理するかという問題が生じる。

　そこで,学習者コーパスに語用論エラー,文法エラー,スペリングエラー,統語エラーなどの情報をタグ (tag) によって示し,検索や頻度などの統計処理を行う手法が用いられることになる。タグとは,テキストの部分を挟む＜x

＞と＜/x＞のことを指す．タグの付け方は，例えば，エラータグの「主語と動詞の一致」(agreement) のときは，my father ＜agr＞ live ＜/agr＞ in Okinawa とする（付録1）．

ここでは，日本人英語学習者の発話データに適用可能なエラータグ（error tag）と自己修正タグ（repairing tag）を付与し，定量的分析により学習者英語（learner English）の傾向をつかむひとつの方法を示す．

2. エラータグおよび自己修正タグによる学習者コーパスの定量的分析

大学生30人の英語による約15分間の口頭試験を書き起こしたものに文法エラーを扱うエラータグと，言いよどみ・繰り返し・言い直し・言い換えを扱う自己修正タグを付けた学習者コーパスを分析の対象とする．

3. エラータグセット

エラーの種類と頻度： ここで扱うエラーの種類は，1）名詞の数，2）主語

表1　エラーの種類と頻度

エラーの種類	頻　度	百分率
1. 名詞の数	157	10.4%
2. 主語と動詞の一致	93	6.1%
3. 時制	179	11.8%
4. アスペクト	22	1.5%
5. 語彙選択	398	26.3%
6. 脱落	468	30.9%
7. 余剰	88	5.8%
8. 語順	19	1.3%
9. 不明	89	5.9%
合　　計	1513	100.0%

と動詞の一致，3) 時制，4) アスペクト（完了形，進行形），5) 語彙選択，6) 脱落（必要な要素が抜けているもの），7) 余剰（不必要な要素が加わっているもの），8) 語順，9) 解釈不能なものである。全体の頻度数を数えると，脱落エラーの頻度が最も高く（30.9％），語彙選択エラーがこれに次いだ（26.3％）。なお，これら2種類のエラーが全体の半分以上（57.2％）を占めていた（表1）。

エラーから見た前置詞の誤用：誤答分析（error analysis）の一例として，学習者の前置詞の誤用に焦点を当て，脱落エラーと余剰エラーから何が言えるかを見ていく。

ここでは前置詞の誤用を3つに分ける。第1は，本来 at でなければならないのに in を使う場合，すなわち前置詞の選択を誤った場合で，これを語彙選択エラーとする。第2は，前置詞が必要なのに使わない場合で，これを脱落エラーとする。第3は，前置詞は必要ないにもかかわらず学習者が任意の前置詞を使う場合で，これを余剰エラーとする。以下では第2と第3に焦点を当てて見ていく。

❶ 脱落エラーと前置詞の誤用

脱落エラー（466個）の中では，日本人英語学習者が苦手であるとされている冠詞（265個；56.9％）に次いで，前置詞（83個；17.8％）が多かった。前置詞の中では，I usually go <delprep> TO </delprep> Chiba and talk in the park...（<delprep> TO </delprep> は，学習者が，本来あるべき前置詞（prep: preposition）'to' を削除（del: delete）してしまった，という意味）のような 'to' の脱落が最も多かった（表2）。

❷ 余剰エラーと前置詞の誤用

余剰エラー（86個）の中でもやはり冠詞（34個；38.6％）が一番多く，次に前置詞（33個；37.5％）が多かった。前置詞の中では，Many Waseda people <F> um </F> go <redprep> to </redprep> there...（<redprep> to </redprep> は，学習者が，本来あるべきでない前置詞（prep: preposition）'to' を余剰的（red: redundant）に使用した，という意味）といった 'to' の余剰が最も多かった（表3）。

表2　前置詞の脱落と頻度

脱落：前置詞の種類	頻度	百分率
to	36	43.4%
in	13	15.7%
at	11	13.3%
of	8	9.6%
on	5	6.0%
with	3	3.6%
from	2	2.4%
by	1	1.2%
about	1	1.2%
out of	1	1.2%
during	1	1.2%
for	1	1.2%
合　計	83	100.0%

表3　前置詞の余剰と頻度

余剰：前置詞の種類	頻度	百分率
to	14	42.4%
in	10	30.3%
for	3	9.1%
at	3	9.1%
from	2	6.1%
with	1	3.0%
合　計	33	100.0%

　以上のことから，脱落と余剰エラーの両面において前置詞が冠詞に次いで多く，中でも'to'の割合が多いことが分かった。

❸　学習者エラーチャンクの抽出

　脱落エラーと余剰エラーそれぞれに関して前置詞'to'のエラーを詳細に検討することによって，エラーを含んだチャンク（チャンク：2語以上からなるかたまり），すなわち学習者エラーチャンクを抽出することができる。考えられる学習者エラーチャンクは以下のとおりである。

前置詞'to'の脱落エラーから見た学習者エラーチャンクの例：
go back my hometown, return my home, come university
前置詞'to'の余剰エラーから見た学習者エラーチャンクの例：
go to there, go to shopping, I always go to with my husband

この例のように学習者コーパスを使えば，前置詞以外の品詞についてもエラータグに基づき学習者エラーチャンクを探ることができる。なお，どこまでをチャンクとして認定するかについては意見が分かれる。例えば，上の例の 'go to there' についていうと，'go to there' 全体をチャンクとみるのか，'go to' までをチャンクとし，それに 'there' が付加したとみるのか，である。

4. 自己修正タグセット

自己修正の4分類： ここでは先行研究（Maclay and Osgood, 1995；Levelt, 1983；Green and Hecht, 1993；Olynak *et al.*, 1990 など）に基づいて簡略化した自己修正を分類した（付録1）。

❶Cutoff（言いよどみ）：タグ表記＜cut＞... ＜/cut＞
　語が全部きちんと発音されず最初の部分だけが発音される。
　＜例＞＜cut＞ li ＜/cut＞ literature

❷Repeat（繰り返し）：タグ表記＜repeat＞... ＜/repeat＞
　a. 単語・チャンク（2単語以上のかたまり）の繰り返し。
　＜例＞I ＜repeat＞ like apples ＜/repeat＞ like apples
　　　　I like ＜repeat＞ apples ＜/repeat＞ apples
　b. 単語・チャンクの繰り返し＋付加的要素
　＜例＞＜repeat＞ I ＜/repeat＞ I like music
　　　　＜repeat＞ I like ＜/repeat＞ I like music
　　　　＜repeat＞ I have to ＜/repeat＞ I have to go there

（注意）one year... almost one year のばあい，one year は繰り返されているが，almost という単語が入っているので，次の repair に分類する。

❸Repair（言い直し）：タグ表記＜repair＞... ＜/repair＞
　a. 単語・チャンクの言い直し
　＜例＞＜repair＞ I am ＜/repair＞ was sad
　　　　＜repair＞ I get ＜/repair＞ I got nervous

b. 単語・チャンクの一部の言い直し

　　＜例＞＜repair＞ one year ＜/repair＞ almost one year

　　　　　＜repair＞ at her house ＜/repair＞ at my home

❹Reformulation（言い換え）：タグ表記＜reform＞...＜/reform＞

　直前の発話が中断され，別の文ではじめから言い換えられる。

　　＜例＞＜reform＞ I took ＜/reform＞ it took me one hour

　　　　　＜reform＞ did you go ＜/reform＞ was that a good movie ?

自己修正の頻度：全体でみると，自己修正は1408例あった。その内訳は，cutoff は118個（8%），repeat は740個（53%），repair は493個（35%），reformulation は57個（4%）であった。30人の個人平均でみると，cutoff は4個，repeat は25個，repair は16個，reformulation は2個であった。

自己修正の流れ（シークエンス）：次に，自己修正の流れを第1発話，Editing Term（Levelt, 1983 などを参照），第2発話といったシークエンスで考えてみる。

　　　　　第1発話-----＜Editing Term＞-----第2発話

❶第1発話：自己修正される発話。

❷Editing Term：第1発話と第2発話の間に位置し，without a pause（ポーズなし），silent pause（無音ポーズ），filled pause（有音ポーズ）に分類される。Filled pause の下位区分として，non-lexical fillers（e.g., uh, ah, um），lexical fillers（e.g., well, I mean, that is），drawls（e.g., [a:i]＜人称代名詞 I を引き伸ばして発音＞, [tuu:]＜前置詞 to の母音を引き伸ばして発音＞），unnecessary vowels（e.g., I find o:, I think that o:＜余分な母音をつけ加え，なおかつ引き伸ばして発音＞）の4つとする。よって，Editing Term としては計6つに分類される。

❸第2発話：自己修正を行う言いよどみ・繰り返し・言い直し・言い換えの発話．

自己修正シークエンスの分類と頻度：第1発話，Editing Term，第2発話のシークエンスで分類すると，表4のように24個の組み合わせ（自己修正タイプ4つ×Editing Term の種類6つ）ができる．自己修正の Editing Term 別の頻度表をみると，repeat without a pause が460個で最も多く，次に repair without a pause の318個であった．

表4 自己修正の Editing Term 別の頻度

		Cutoff	Repeat	Repair	Re-formulation	Total
Without a Pause		99	460	318	25	902
A Silent Pause		2	71	26	2	101
A Filled Pause	Non-lexical Fillers	15	168	128	28	339
	Lexical Fillers	1	4	9	0	14
	Drawls	1	28	6	0	35
	Unnecessary Vowels	0	9	6	2	17
Total		118	740	493	57	1408

Repeat（繰り返し）から見た学習者チャンク：Repeat 全740個のうち，1語は525（70.9%），2語チャンクは148（20.0%），3語チャンクは51（6.9%），4語チャンクは16（2.2%）であった．1語では，'I' が152個で最も多く，次に 'and' と 'she' のそれぞれ20個が続いた．2語チャンクは，'I have'，'I like'，'I want' がそれぞれ4個で最も多かった．3語チャンクは，'I want to' が6個で最も多く，'I have' が3個で次に多かった．

学習者は，これらのチャンクをあまり考えることなく自然と発話している，すなわち自動化しているものと考えられる．すなわち，これらのチャンクは全て中学で習う基本的な自己表現であることからもわかるように，学習者はかた

まりとして記憶しているのであろう。

　また，今回のコーパスでは，'I'm'，'wanted to'，'bought a'，'if I'，'when I'，'at the'，'some of'，'how can I'，'in my' といったパターンが散見された。今回は例が少ないので包括的に述べることはできないが，今後はコーパスを増やし，こういったパターンがどの程度まで学習者のチャンクとして認識されているかを調べることが不可欠となるであろう。

5. ま と め

　大学生の発話データにエラータグと自己修正タグを付与し，その頻度を通して傾向を見てきた。

　エラータグの分析から，（1）脱落エラーが最も多く，エラー全体の約30％を占めること，（2）脱落エラーと余剰エラーともにその内訳は冠詞に次いで前置詞が多く，'to' が前置詞全体の40％以上を占めること，（3）前置詞 'to' の脱落エラーと余剰エラーから学習者エラーチャンク（文法的なエラーを含むかたまり）をいくつか抽出できることが分かった。

　また，自己修正タグの分析からは，（1）自己修正4つのうち，repeat（繰り返し）と repair（言い直し）の2つで約88％を占めること，（2）自己修正シークエンスでは repeat without a pause が最も多いこと，（3）repeat（繰り返し）から学習者チャンク（文法的に正しいかたまり）が抽出できることが分かった。

　日本人英語学習者のエラーの解釈については，一般的に日本人英語教師は母語が日本語であるという共通点と自らの学習および教育経験から適切な判断が下しやすいといえる。しかし，独断に陥らないためにも，データ収集後，学習者に早めにインタビューをするなどして，学習者がどういう意図で発話したか等を確認する作業を怠ってはならない。なお，今回は触れなかったが，エラー率，すなわち，対象となる項目が使用されるべき全ての場面中どのくらいの割合でエラーが生じたか等も考慮しなければならない。

現在,学習者チャンクと学習者エラーチャンクとの関係,学習者の書き言葉コーパスと話し言葉コーパスの比較,中学生や高校生の学習者コーパスの特徴,インプットとしての教科書と作文データとの比較,中高大の縦断的大規模コーパスなど興味深い研究の成果が出始めている。

6. 読書案内

- 齊藤俊雄・中村純作・赤野一郎(編)(1998).『英語コーパス言語学』研究社
 コーパス言語学の基本的概念とその活用法が簡潔に述べられている。
- 中尾浩・赤瀬川史郎・宮川進悟(2002).『コーパス言語学の技法Ⅰ,テキスト処理入門』夏目書房
 コーパス作成のためのテキストエディタの活用法が詳細に記述されている。
- 小池生夫(編)(2003).『応用言語学事典』研究社(10章「コーパス言語学・辞書学」)
 コーパス言語学の基本的な用語の整理・確認と辞書学との接点を概観するのに適している。

7. References

- Maclay, H. and Osgood, C. E. (1959). 'Hesitation phenomena in spontaneous English speech', *Word* 15: 19-44.
- Levelt, W. J. M. (1983). 'Monitoring and self-repair in speech', *Cognition* 14: 41-104.
- Green, P. S. and Hecht, K. (1993). 'Pupil self-correction in oral communication in English as a foreign language', *System* 21: 151-163.
- Olynak, M., D'Anglejan, A. and Sankoff, D. (1990). 'A quantitative and qualitative analysis of speech markers in the native and second language speech of bilinguals', In Scarcella, R. *et al.* (Eds.). *Developing communicative competence in a second language.* New York: Newbury Publishers.

付録1　エラータグと自己修正タグ

エラーの種類	エラータグ	意　　味	頻度数
名詞の数 (noun number)	<+pl></+pl>	a<+pl>men</+pl>	25
	<-pl></-pl>	two<-pl>hour</hour>	132
			157
主語と動詞の一致 (agreement)	<agr></agr>	agreement	93
時制 (tense)	<prs></prs>	present	21
	<pst></pst>	past	150
	<fut></fut>	future	8
			179
アスペクト (aspect)	<ing></ing>	progressive	16
	<perf></perf>	perfect	6
			22
語彙選択 (lexical choice)	<eart></eart>	article errors	71
	<epos></epos>	possessive pronoun errors	0
	<edem></edem>	demonstrative pronoun errors	9
	<econj></econj>	conjunct errors	16
	<eadv></eadv>	adverbs errors	8
	<eadj></eadj>	adjective errors	27
	<emorph></emorph>	morphological errors	36
	<eprep></eprep>	preposition errors	86
	<einter></einter>	interjection errors	1
	<epron></epron>	pronoun errors	1
	<elex></elex>	lexical errors	136
	<emda></emda>	modal auxiliary errors	1
	<eindpro></eindpro>	indefinite pronoun errors	1
	<everb></everb>	verb errors	4
	<enoun></enoun>	noun errors	1
			398
脱落 (omission)	<delart></delart>	article omissions	265
	<delconj></delconj>	conjunct omissions	3
	<delinter></delinter>	interjection omissions	1
	<delprep></delprep>	preposition omissions	83
	<delpron></delpron>	pronoun omissions	6

	<deladv></deladv>	adverb omissions	4
	<deladj></deladj>	adjective omissions	5
	<delpos></delpos>	possessive pronouns omissions	5
	<delsub></delsub>	subject omissions	2
	<delobj></delobj>	object omissions	47
	<delverb></delverb>	verb omissions	12
	<delcop></delcop>	copula omissions	22
	<delmda></delmda>	modal auxiliary omissions	3
	<delapos></delapos>	possessive pronouns omissions	2
	<delnoun></delnoun>	noun omissions	6
			466
余剰 (addition)	<redart></redart>	redundant articles	34
	<redconj></redconj>	redundant conjuncts	1
	<redinter></redinter>	redundant interjections	0
	<redprep></redprep>	redundant prepositions	33
	<redpron></redpron>	redundant pronouns	0
	<redadv></redadv>	redundant adverbs	2
	<redadj></redadj>	redundant adjectives	3
	<redpos></redpos>	redundant possessive pronouns	1
	<redsub></redsub>	redundant subjects	0
	<redobj></redobj>	redundant objects	2
	<redverb></redverb>	redundant verbs	0
	<redcop></redcop>	redundant copulas	9
	<redmda></redmda>	redundant modal auxiliaries	3
	<redapos></redapos>	redundant apostrophes	0
	<rednoun></rednoun>	redundant nouns	0
			88
語順 (word order)	<WO></WO>	word order errors	19
			19
不明なもの (unclear)	<@></@>	uncategorizable errors	89
			89

自己修正の種類	自己修正タグ	意　　味	頻度数
言いよどみ (cutoff)	<cut></cut>	cutoff	118
繰り返し (repeat)	<repeat></repeat>	repeat	740
言い直し (repair)	<repair></repair>	repair	493
言い換え (reformulation)	<reform></reform>	reformulation	57
			1408

II. 教科書分析
―日本人英語学習者の発話行為表現―

　日本人英語学習者の英語表現に触れていると，感謝，謝罪，依頼，提案といった発話行為（speech act）表現が単調であるという印象を受ける。一方，英語母語話者による表現は多様である。日本人英語学習者の主たるインプットは教科書であるが，果たして教科書ではある一つの発話行為に対して多様な表現を導入しているのであろうか。

　本研究では，発話行為のうち感謝，謝罪，依頼，提案の4つをとりあげる。学習者に特定の場面に関する情報を与えた上で，前述の4種類の表現を作成する会話完成テストを実施し，表現形式を分類し，その傾向を調査する。また，中学校・高等学校の検定教科書を対象に，前述の4つの発話行為が実際どのような表現を用いて導入されているかを分類，調査する。

1. 研究の手順

　日本人英語学習者378名（大学1年生，2年生）を対象に，4つの発話行為表現について調査を行った。おおまかな場面設定が分かるようにした会話の空欄を文脈に適した英文で埋めさせるという，全62項目からなる会話完成テストを使用した。以下に例を示す。

<例1>

Ted : This is my room. And these are my drums.
Mika : Great! Play something for me.
Ted : OK.
Mika : You're a good drummer, Ted.
Ted : (   ).

<例2>

Sue is going to invite her friend Pat to a party.
Sue : I'm having a potluck party at my house this Friday.
 (   ) come?
Pat : Sure.

　次に中学校検定教科書7種類21冊および高等学校検定教科書5冊，計26冊の本文から感謝，謝罪，依頼，提案の表現を抽出した。なお会話完成テストにおける全回答および教科書本文はテキスト化した上で，コンコーダンス（検出した語をその前後の数語とともに示したリスト）を作成した。（図1参照）

WordSmith Tools — 2004/09/29 15:49:57

N Concordance

1	Hello. How are you? I am fine.	Thank you for your letter
2	s change places, Miller." Miller "No,	thank you." Miller I'm happy. King You
3	delicious. LESSON 2 Interview Ken "	Thank you very much for this interview,
4	s." I want to find a cure for them.	Thank you. LESSON 8 Ainu Do you li
5	wn." Ms Brown How are you? Ken "Fine,	thank you." Ken And you? Ms Brown "I'm
6	than ten years. Ken I see. Ken "Well,	thank you very much." Miss Cates You're
7	I want to be kind to her in return.	Thank you. LET'S WRITE 3 "Hello, eve
8	to the living room." A Nice flowers!	Thank you (very much). B You're welcome
9	Hold on a minute. Bill I'll see. Ken	Thank you. Bill "I'm sorry, but he is o
10	is, Mom." Mukami Nice flowers! Mukami "	Thank you very much, Ken." Ken You're
11	Ken And you? Ms Brown "I'm fine too,	thank you." Mukami "Good evening, Ms Ka
12	oshokan-mae. A man "Oh, I see." A man	Thank you very much. Kumi You're welcom
13	understand? A man "Yes, I do." A man	Thank you very much. Kumi Not at all.

図1　コンコーダンス表

2. 結　果

感謝（thanking）：学習者の表現も教科書の表現もともに 'thanks' と 'thank you' を用いたもののみであった。'thanks' と 'thank you' の割合をみると，高校教科書では 'thanks' が 31.4%，中学教科書では 24.0%を占めるのに対し，学習者は 'thanks' をほとんど使用しなかった（7.4%）。

表5　感謝表現の割合の比較

	高校教科書	中学教科書	学　習　者
thanks	31.4%	24.0%	7.4%
thank you	68.6%	76.0%	92.6%
合　　計	100.0%	100.0%	100.0%

謝罪（apology）：教科書では 'sorry'，'pardon'，'excuse' を用いた表現が見られたのに対し，学習者は 'sorry' と 'excuse' のみであった。

表6　謝罪表現の割合の比較

	高校教科書	中学教科書	学　習　者
sorry	59.7%	44.8%	44.1%
pardon	5.2%	18.4%	—
excuse	35.1%	36.8%	55.9%
合　　計	100.0%	100.0%	100.0%

依頼（request）：依頼表現に関しては，具体的な動詞による分類ではなく Aijmer（1996）の定義を参考に分類を行った。表7はその分類項目と例および学習者と教科書の表現の割合を示したものである。Aijmer の分類する項目のうち中学校教科書に頻出するのは Ability, Willingness, Obligation，高校教科書に頻出するのは Permission, Ability, Willingness であり，Obligation を除くこれらの項目は学習者にも多用されている。また依頼表現で特筆すべきは，Aijmer の分類にはあてはまらない '命令文＋please' という形式の使用頻度が各教科書および学習者表現において極端に高い点である。

表7 依頼表現の例と使用頻度の割合の比較

分類	例	高校教科書	中学教科書	学習者
Ability	can you... ?	14.8%	14.1%	23.5%
Consultation	is it possible... ?	—	—	0.1%
Willingness	will you... ?, would you... ?	13.0%	13.5%	21.4%
Want	I would like you to...	—	0.5%	0.1%
Need	I need... , I want...	3.7%	5.9%	6.2%
Obligation	you must ... , you have to ...	—	8.6%	0.1%
Appropriacy	you should ...	—	—	0.1%
Wh-question	why not ... ?, why don't you ... ?	3.7%	—	—
Permission	may I ... ?	16.7%	0.5%	14.4%
命令文+please	give me some, please.	48.1%	56.8%	34.1%
合計		100.0%	100.0%	100.0%

提案（offering）：学習者および中高教科書が使用している提案表現を抽出し，それぞれの頻度の割合を示したものが表8である。学習者の表現も教科書の表現も 'let's... ' と 'may I... ?' を用いたものが多い点は類似している。しかし，学習者表現のうち 'shall we... ?' は2番目に頻度が高く，これは教科書には見られない傾向である。

表8　提案表現の割合の比較

	高校教科書	中学教科書	学　習　者
let's ...	40.0%	77.5%	45.9%
may I ... ?	20.0%	7.2%	15.5%
can I ... ?	7.5%	3.6%	5.5%
would you like ... ?	7.5%	3.6%	2.9%
do you need any help?	5.0%	—	—
shall we ... ?	5.0%	2.7%	17.0%
do you want me to ... ?	2.5%	—	0.2%
do you want to ... ?	2.5%	—	—
how can I help you?	2.5%	—	—
want ... ?	2.5%	—	—
what shall I do?	2.5%	1.8%	—
won't you have one?	2.5%	—	—
do you want ... ?	—	2.7%	1.8%
you can ...	—	0.9%	—
shall I ...	—	—	9.9%
imperative（命令文）	—	—	0.7%
how about ... ?	—	—	0.6%
合　　計	100.0%	100.0%	100.0%

3.　教育現場への応用

　本研究により，日本人英語学習者の感謝，謝罪，依頼，提案表現に偏りがあることが明らかになった。この背景には，中学校・高等学校の教科書の影響があると推測される。学習の初期段階の目標として，一定の意図を伝えられるようになるのは大前提であるが，学習者の英語力向上と人間的な成長に応じて，さらに変化に富み，状況に即した言語表現を習得することをも視野に入れることが必要だと思われる。また，教科書に記載された表現のさらなる定着を図るとともに，教科書以外の表現も積極的に教材として取り入れることが必要であろう。

4. 読書案内

- Yule, G. (1996). *Pragmatics*. Oxford: Oxford University Press.
  平易な英文で書かれた入門書。語用論で用いられる理論が概観できるようになっている。発話行為 (speech act) についての基礎的な知識も得られる。
- Aijmer, K. (1996). *Conversational Routines in English: Conversation and Creativity*. London: Longman.
  感謝，謝罪，依頼，提案の表現についての理論的枠組みと分類方法について論じられたもの。

5. References

- Nakano, M., Miyasaka, N., Yamazaki, T., and Saito, T. (1999). 'A Study of EFL Discourse using Corpora (6): An Analysis of Discourse Completion Tasks', *Proceedings of the 4th Conference of Pan-Pacific As-sociation of Applied Linguistics*.

III. チャット分析

　ここでは，学習者の産出する英語をどのように分析・評価するかを紹介する。以前は，学習者のデータを分析する際，データ加工のため多くの労力が必要であったが，コンピュータの導入により，学習者データの加工が容易となり，筆記テスト以外の方法で，英語力を評価することができるようになった。そこで学生の産出する英語（E-mail，チャット，英作文など）の発達を量的に評価する一例として，チャット分析を紹介する。チャットとは，コンピュータを介したコミュニケーションの総称である。チャットに関する詳しい説明および教育方法についての議論は，第2部4章III-2でとりあげる。

　まず，一つの発話の中にどれだけの単語数を用いるかを測定する平均発話長 (Mean Length of Utterance) を，次に，どの程度豊富な語彙を用いているかを測定する語彙密度に焦点をあてて分析する。

1. 平均発話長の分析

手　順：早稲田大学・高麗大学間で，2001年10月から12月に，チャットの交流プロジェクトが行われた。その時の参加学生は，早稲田大学の学生17名，高麗大学の学生17名で，タイピングによる英語のチャットを週に一度，45分行った。その34名の平均発話長の伸びを分析する。

平均発話長は，一つの発話内の単語数平均値で表される。この実験では，図1のように，発言の1セットを一発話とする。

```
Waseda Edu#6: Hello! Are you SoJin Kim? ＜1発話＞
Korea Lit#13: Are you Maki?　＜1発話＞
Waseda Edu#6: Yes, I am very glad to see you. ＜1発話＞
Korea Lit#13: Yes I am Sojin. Nice to see you. ＜1発話＞
```

図2　一発話の定義

分析結果その1：まず34名一人一人の平均発話長が伸びているかを検証した。7回分のチャットの平均発話長を計算し，近似直線を引いてみると，34人のうち33人が上昇していることがわかった。

早稲田大学17名高麗大学17名の平均発話長の平均値を，一回毎に計算し，表9，図3に示した。図3の線分は，近似曲線である。

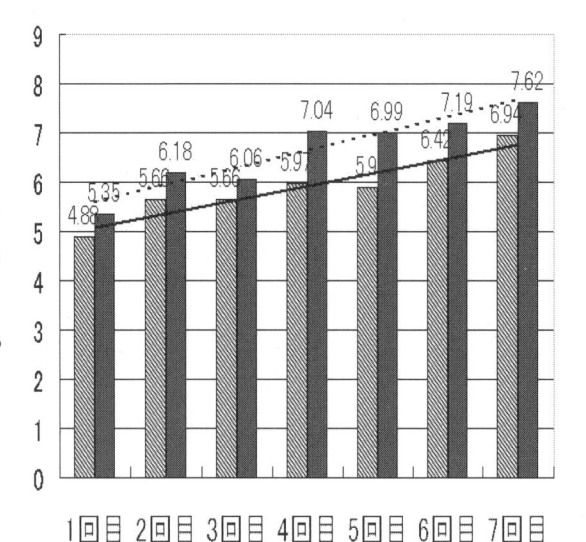

図3　一回毎の平均発話長の上昇

表9　回数による平均発話長の変化

	第1回	第2回	第3回	第4回	第5回	第6回	第7回
早稲田大学17名 平均=5.92	4.88	5.66	5.66	5.97	5.90	6.42	6.94
高麗大学17名 平均=6.63	5.35	6.18	6.06	7.04	6.99	7.19	7.62
全員 平均=6.28	5.12	5.92	5.86	6.50	6.45	6.81	7.28

また個人別の近似曲線を見てみると，34人のうち33人の平均発話長が伸びていることがわかった。

分析結果その2：学生の平均発話長が1か月の間に伸びたかどうかを調べるために，学生の①10月第1週目のデータ，②11月第1週目のデータ，③12月第1週目のデータを一元配置の分散分析にかけた。

その結果，統計的な有意差がみられ（$F(2,99)=3.088, p<.01$），週に1回のチャットにより，1か月毎に学生の平均発話長が伸びるということがわかった。

考　　察：今回の調査では，概ねよい結果が出た。しかし，英文を長くして書けば平均発話長の数値は高くなるが，長い文を書いたからといって正確な文を書いているとはいえない。また，状況・場面によっては，短い表現で端的に言い表したほうが適切な場合もある。しかし，発達段階にある学習者の英語を測定する指標の一つとして，平均発話長を用いるのは有効であろう。

早稲田大学では，学生自らが，自分の英作文やチャットデータを分析し，チャートで進歩を示すよう指導している。そうすることにより，平均発話長が視覚的に伸びていることがわかるため，英語学習の動機づけになるからである。

2. 語彙密度の分析

分析の目的・手法：ここでは，平均発話長に続き，語彙密度に関して学生

のチャットデータを分析する。同一のプロジェクトで、学生が語彙を豊富に使えるようになったかを検証する。まず、タイプトークン率（TTR）を用いて分析する。発話の総語数（Token）のうち、何種類の異なる単語（Type）を使っているか、その率を TTR と呼ぶ。この TTR の数値が高いと、豊富な語彙を用いていると判断できる。次に、[1)]JACET 4000（現在は JACET 8000 に改訂）を用い、チャットの交流を通して、難易度の高い語彙を使えるようになったかを検証する。

TTR の性質：TTR は以下のように計算される。

❶I am a student. I am studying English. I like studying English.
❷I am a student interested in English, which is my favorite subject.

（齊藤他、1998：240）

センテンスの❶と❷の総語数（Token）はともに 12 である。しかし、使われている語彙の種類（Type）は、❶は 7、❷は 12 である。それぞれの TTR を計算すると、❶＝7/12*100=58.33%、❷＝12/12*100=100% となり、❷の文の語彙が豊富と判断される。

TTR を分析に用いる際、2 点のことを注意したい。比較するテキストの

❶総語数（Token）を同一にする。
❷総語数（Token）の数は、少なすぎてはならず、300 程度は必要である。

TTR の分析方法：被験者は、早稲田大学の学生 14 名、高麗大学の学生 14 名で、2001 年 10 月〜12 月の期間、週に一回、決められた相手と 45 分間程度のチャットをした。彼らのデータログを回収し、交流開始後の 500 語の TTR と交流終了前の 500 語を比較して TTR が上昇したかどうかを調べた。

結　　果：

---

1)　約 4000 語の単語が語彙の難易度によって 5 段階にわけられている。

表10 上位群下位群のTTRの平均値の変化

		上位群	下位群
最初の500語に対するTTR	平均	43.90	39.34
	標準偏差	3.11	1.98
最後の500語に対するTTR	平均	42.41	40.89
	標準偏差	3.64	2.86

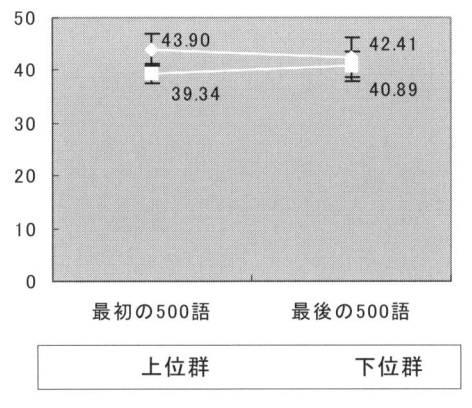

図4 TTRの平均値の変化

　交流期間が短かったせいか，28人中15人しかTTRが上がらず，平均値の上昇も41.62から41.66にとどまった。しかし，最初にTTRが高かった上位群と，最初に語彙密度が低かった下位群の，上昇の仕方に差異が感じられた。ウィルコクスンの符号化順位検定を用いると，上位群・下位群のTTRの上昇の仕方に，有意水準1%で統計的に有意な差があった。このことから，初級レベルの学生のTTRは上昇しやすいことがわかる。つまり，今回のチャット学習の交流を通して，初級者の学生の語彙密度の上昇が顕著に見られた。

　JACET 4000に基づく語彙レベルの変化について：約4000語の英単語を頻度などの基準から，JACET 4000では，5段階の語彙難易度レベルに分けられている。学生がチャットで使用した単語の難易度を示したものが，表11，

表12である。

表11 上位群	最初	最後
Level 1（易）	5684 81.20%	5789 82.70%
Level 2	546 7.80%	455 6.50%
Level 3	483 6.90%	483 6.90%
Level 4	182 2.60%	175 2.50%
Level 5（難）	105 1.50%	98 1.40%
合計語数	7000 100%	7000 100%

表12 下位群	最初	最後
Level 1（易）	5831 83.30%	5495 78.50%
Level 2	462 6.60%	455 6.50%
Level 3	420 6.00%	483 6.90%
Level 4	168 2.40%	357 5.10%
Level 5（難）	119 1.70%	140 2.00%
合計語数	7000 100%	7000 100%

　日本・韓国の大学生は，Level 1とされる易しい単語を主に用いて交流していることがわかる。ただ細かくみてみると，下位群は，Level 3, Level 4, Level 5の数値がやや高くなっていることから，二か月のチャットのプロジェクトの経験により，難易度のレベルの語を選択して使うようになったことがわかる。

3. まとめ

　チャット分析の利点は2つある。まず，学習者の生のデータを容易に集めることができる。また，加工がしやすく，分析もしやすい。よって，平均発話長，TTRなどは，比較的容易に算出できる。教師・研究者が学習者の英語力を測定するだけではなく，学習者自らが，自分の英語を分析することにより，学習者の内省を促せることと思う。

4. 読 書 案 内

- 齊藤俊雄他（1998）．『英語コーパス言語学』研究社
  コーパス言語学の活用法が詳しく書かれている。
- Granger, S. (1998). *Learner English on Computer*. New York : Longman
  コンピュータを用いて，さまざまな視点から，学習者英語を分析している。これから学習者の英語をリサーチしようとする人に参考となる入門書。
- Herring, S. C. (1996). *Computer-Mediated Communication ; Linguistic, Social and Cross-Cultural Perspectives*. Amsterdam : John Benjamins.
  チャットについて包括的な概観をしている入門書。

IV. プロトコル分析
―読解過程における自問自答と問題解決方略―

1. 研究テーマについての解説

「プロトコル分析」とは，問題解決の過程で考えたこと，感じたことなど，意識にのぼったことを被験者自身に口頭で報告してもらい，そのデータ（プロトコル・データ）を認知過程解明のために分析する方法である。

認知過程を正しく反映していると言えるのか，口頭報告により本来の認知過程が歪むのではないか，などの批判的議論がなされてきたが，現在では適切な課題や状況のもとで適切に分析された場合の妥当性と有効性について了解が得られており，認知過程についての豊富な質的データを提供するものとして評価されている。近年では複数参加者による会話や質疑応答，自然場面での対話までもがプロトコル分析の対象とされている。

2. 教育実践の中でどう使えるか

教育場面ではさまざまな課題に対する問題解決が実践されている。しかし，

教師からは学習者の解決過程が見えない場合が多い。

　例えば，読解授業では教師は様々な方法により学習者の理解を確認しているが，これらは読んだ結果の確認であり，そこに至るまでの理解の道筋はわからないことが多い。そのために，何が問題でなぜ解決できなかったのかが把握しにくい。そこで，読みの内的過程を知るために，個々の読み手が読解中に行う問題解決のプロセスを詳細に観察する必要がでてくる。ここでは，読み手の内的過程を推測する方法としてプロトコル分析を用いた研究例を紹介する。この研究は，第二言語の読解力の高い読み手と低い読み手に読解中に考えていることを全て発話してもらい，それぞれの課題設定および解決過程の違いを検討し，優れた読み手の用件について考察したものである。

3. 実験研究例

　被験者・テキスト：被験者は英語を母語とする中・上級の日本語学習者31名（読解テストで上・中・下位群の3群に分けた）。テキストとして「命拾い」を使用した（明治書院『精選国語Ⅰ』pp. 93-95）。主語変化と主語省略，擬人法が重なっているところで理解が困難になることが先行研究で既にわかっており，分析の対象としてこれらが重なっている文を選んだ。

　実験の手続きと分析方法：実験前にほかのテキストで練習をし，慣れてから実験に入った。被験者は室内に1人で発話は全て録音した。① テキストと単語表（英訳付き）を配布し，英語でも日本語でも良いから頭の中で考えたこと，感じたことを全て声に出して言うよう指示した。② 読了後，10問の内容真偽課題を与えた。③ さらに，テキスト細部の内容に関する11問の設問を与えた。

　分析は①～③の発話とポーズを全て書き起こし，プロトコル・データを作成した。発話はテキスト音読部分とそれ以外の発話からなる。それ以外の発話は内容理解のために自ら疑問点を述べる発話（自問）とそれを解決するための発話（自答）からなる。自問部分の取り出しおよび問題解決過程の分類は2名が

独立して行い，2者間の一致率はそれぞれ 93% および 90% であった。不一致箇所は協議により解決した。

結果と考察：

❶ 自問の頻度とカテゴリー

自問の内容を見ると，階層化されていることがわかった。階層のボトムの方は，未知語など語レベルの疑問であり，それに関する知識の有無が問題となるものである。一方，省略された主語の復元や文意を求めるための疑問もあり，これらは前後の情報や背景知識を統合する過程で解決できる問いである。そこで，前者は部分的に解決できるので便宜的に「ローカルな自問」と呼び，後者は広い範囲での情報の統合が必要なので「グローバルな自問」と呼んだ。これは相対的な問題で，文脈での意味や読み手の背景知識など広範囲での情報統合を必要とする問いほど，よりグローバルな自問だといえる。

表 13 第 2 文に表れた自問のカテゴリーと分布

	上位群	中位群	下位群
ローカルな自問	17 件（44.7%）	18 件（64.3%）	47 件（87.0%）
グローバルな自問	21 件（55.3%）	10 件（35.7%）	7 件（13.0%）
自問ののべ件数	38 件（100.0%）	28 件（100.0%）	54 件（100.0%）

紙幅の都合で被験者群ごとの自問の内容と分布は省略するが，ローカルとグローバルの自問件数は表 13 のようになった。下位群では自問ののべ件数が多いが，その 9 割近くが未知語などのローカルな自問で，ボトムアップ的な読みになっていることを示している。それに対して，上位群では，グローバルな自問は半数強となっていて，意味がわかるための作業として省略部分を補ったり，直接文字面に表れていないことを自問している。読解力の高い読み手は，よりグローバルに情報処理をしようとしているのに対し，読解力の低い読み手は部分的な処理に留まっていると考えられる。

❷ グローバルな自問の解決過程

ローカルな自問の主な解決方法は，未知語に対する単語表参照である。それに対して，グローバルな自問の解決方法は，仮説設定とその検証からなる。プロト

コル例❶および❷に示すように，読み手は問題の所在を認めると仮説を設定し，それを検証する過程を経て理解を進めている。この過程では，テキスト情報や読み手の既有知識などの情報が統合されている。

プロトコル例❶＜中位群＞	＜Q：誰の身か＞
シュリョウカイケンチュウ？... 解禁中... は身の危険を知って.. . so it's dangerous... that looks like abunai... if you... kiken? 身を，身の危険，dangerous to the body... I'm not sure that's the duck's body or the person's body... right... を知って，あー，関東一円から，（略）ここに集まってきて2000羽になるという。寒くなるほどに…（以下，第3文へ）	0　音　　　読 Ⅰ　1a　問題の所在 　　1b　問題の根拠 Ⅱ　2b　仮説の提示 　　（2つの可能性）

プロトコル例❷＜上位群＞	＜Q：誰の身か＞
狩猟解禁中は身の危険を知って，身の危険を知って，誰が？うーん，誰の身？どういう危険，ちょっとまだわからない。じゃ，身の危険を知って，関東一円からここに集まってきて（略）ここっていうのは，シノバズイケか。オッケー，上野のね。で，2000羽になるという。身の？ああ，鳥か。身の危険を知って，関東．．．．．あ，なるほど。っていうのは，えー，じゃーカモの立場からいってるんだ。2000羽になるという。そのーカモが。で...でも，カモは危険を知ってくるわけなのかな。それがちょっと。カモは何を考えているんだろう。でも，ま，そういうことにしておこう。	0　音　　　読 Ⅰ　1a　問題の所在 　　1b　問題の根拠 Ⅱ　2b　仮説の提示 Ⅲ　3a　検証・音読 　　3c　納　　　得 Ⅳ　内容への疑問 　　評　　　価

考　察：読解過程で得られたプロトコル・データを分析した結果，読解力の高い読み手は低い読み手に比べ，第1に，よりグローバルな自問をし，第2に，その解決過程では疑問点とテキスト情報，既有知識を交流させながら，情報を統合しテキスト理解に努めていることが示された。また第3に，読了後に与えた設問への解答のプロトコル分析から，グローバルな設問は読みの理解の確認だけでなく，促進にも有効である可能性が示唆された。

4.　研究テーマの今後の展望・応用の可能性

　読解の場合，読み手の理解過程は外に表出されないため学習者の真の問題点を把握したり解決方略を知ることは難しいが，プロトコル分析はその問題を解

決する1つの可能性を持っている。第二言語（外国語）学習の研究では，文章産出や文章理解の過程を解明するために多く用いられており，ほかの定量的な実験からは得られない定性的な研究の可能性を拓くものである。特に，学習者の理解の結果のみではなく過程に注目しどのような支援をしていくべきかを考える上で，プロトコル分析は有用である。ただし，実施にあたっては，被験者に事前に言語報告に慣れさせておくことや解釈を求めないことなど注意が必要である。また分析にあたっては，情報量が多いために客観性を欠いたり焦点が分散する危険があるので，研究のねらいを絞り込むことなどが重要である。

5. 読書案内

- Ericsson, K. A. and Simon, H. A. 1984 ; *1993 Protocol analysis : Verbal reports as data.* Cambridge, MA : MIT Press
  プロトコル分析は科学的な方法であると主張した論文である。プロトコルとその前後の実際的な行為との関連性を検討し，そこから思考過程を推論することにより，プロトコル・データは作業記憶上の情報を言語化した客観的なデータであるとした。
- 原田悦子（1999）.「プロトコル分析」海保博之・加藤隆（編）『認知研究の技法』福村出版, pp. 79-84
  プロトコル分析についての実例をあげ，コンパクトにわかりやすくまとめられている。
- 海保博之・原田悦子（1993）.『プロトコル分析入門－発話データから何を読むか』新曜社
  プロトコル分析の入門者のために方法や問題点などをあげた著書。具体的な研究についても解説されている。
- 舘岡洋子（2001）.「読解過程における自問自答と問題解決方略」『日本語教育』111号, pp. 66-75
  本稿で紹介した論文。プロトコル分析を用いて，第二言語における読解過程を明らかにすることを試みた。

V. テスティング―テスト作りに活かすテスト理論―

「受験者の能力をどこまで正確に測れるか」ということは，テストを作る際に重要な問題の一つである。より良いテストを作成するには，テスト理論を利

用することが有益である。テスト理論には古典的テスト理論（Classical Test Theory：CTT），項目応答理論（Item Response Theory：IRT）がある。ここでは，はじめにCTTおよびIRTを用いたテスト作成に有効であると思われる概念を概観し，次にテスト理論を利用したテスト作成の実例研究を紹介する。

1. 「古典的テスト理論（CTT）」と「項目応答理論（IRT）」

　CTTにおいては，あるテスト項目がその問題ができる受験生とできない受験生を分ける（弁別する）力を，項目弁別力により表す。この項目弁別力は点双列相関係数を計算することにより得られる。ただしCCTでは，受験者集団ごとに違う値が出てくる。また，それぞれの受験者集団から得られた値を比べることはできないという欠点がある。

　その欠点を克服したものが，IRTである。TOEFLやTOEICは，このテスト理論に基づいて作成されている。IRTの特徴は，テストを受けた受験者集団のレベルに左右されずに，能力を弁別できるということである。また，異なる受験者集団のテスト結果を同じ尺度を使って比較することが可能になる。

　IRTでは，項目困難度パラメータと呼ばれる数値を利用して項目の選択を行うことができる。項目困難度パラメータとは，−3.00から+3.00までの値で表され，その項目がどのくらい難しいかを示す数値である。具体的には，値0は平均的な困難度を示す絶対値であり，マイナスの値は平均的困難度より易しいことを示し，プラスの値はそれよりも難しいことを示す。

2. 事例：テスト理論を用いたテストの開発―早稲田プレイスメントテスト―

　目　的：早稲田大学のチュートリアル英語の受講生を3つのレベルに分けるためのクラス分けテスト（プレイスメントテスト）を作成した。IRTを利用し，異なる受験者集団の能力が適切に評価できるようなテスト作りを目指

した。それと同時に，成績管理，評価が簡単なテストを作ることを目指した。

手　　順：まず，101の項目からなるテスト Ver.1 を作成した。このテストを使って，どの項目がクラス分けテストに不適格な項目（不良項目）かを確かめるために，1年から4年までの大学生169人にテストを受けてもらった。得られた結果を IRT を用いて分析を行った。不良項目を別のテスト項目と差し替え，テスト Ver.2 を作成した。その後どのくらいの信頼性が作ったテストにあるかを調べるために TOEIC との相関を調べた。

テスト項目：テスト項目作成にあたっては，実際的な英語におけるコミュニケーション能力を測ると同時に，コンピュータ上でテストを行うことも考慮した。次の4つの観点からテスト項目を作成した。

❶英語音声の識別能力（音素弁別能力）
❷英語の会話における会話の場面に応じた会話をする能力
❸相手の発話における含意を理解する能力
❹長文を聞いて要旨を把握する能力

これにもとづき Part 1 から Part 3 までの3つのパートからなるテストを作成した。Part 3 は，さらに4つの下位項目から成り立つ。各パートにおける内容は以下のとおりである。

Part 1：英語音声の識別能力（音素弁別能力）を測る
Part 2：会話でのある発話に対する適切な応答能力を測る
Part 3：発話の内容理解能力
Part 3-1：発問に対する適切な解答を選ばせる
Part 3-2：まとまりのある文に対する質問への適切な解答を選ばせる
Part 3-3：発問文に対する適切なパラフレーズを選ばせる
Part 3-4：短い対話文に対する質問への適切な解答を選ばせる

IRT における分析：IRT においては，一般に困難度パラメータが $+3.00$ 以上の場合はモデルに適合せず（ミスフィット：Misfit），-3.00 以下の場合は

モデルにおいて過剰適合（オーバーフィット：Overfit）であるといわれている。過剰適合の場合は，項目や受験者は，再計算を行った場合にはその値が変動する可能性が高く，原因がどこにあるのかを検討する必要があるといわれている。そこで，データ計算後に過剰適合の項目困難度パラメータに関しての検討を行うことにした。

　結果から，オーバーフィットとミスフィットについてパートごとにみる。まず，Part 1 においては，プレイスメントテスト（Ver. 1）においては，Item 9, 27, 40 が，オーバーフィットであった。また Item 44, 48 がミスフィットであった。この結果から，Item 44, 48 が改善しなければならない項目であることがわかった。そのためこの項目を差し替えて，Ver. 2 をつくった。作り直したプレイスメントテスト（Ver. 2）おいては Item 35 がそれぞれオーバーフィットであった。また，Item 53 がミスフィットであることがわかった。

表14　各バージョンにおける適合度の計算表の抜粋

項目番号	Item 9	・・・	Item 27	・・・	Item 40	・・・	Item 44
Ver. 1	−2.6	・・・	−2.7	・・・	−2.5	・・・	2.2
Ver. 2	−0.6	・・・	1.8	・・・	0.7	・・・	−0.5

　また，どの程度改善されたかを見るために，TOEIC の相関を調べてみた。まず，Ver. 1 の受験者の中で，TOEIC を受験していたもの 135 人の TOEIC の得点と，プレイスメントテスト（Ver. 1）の得点の相関を計算した。相関係数は r=0.66（p＜0.01）であり，中程度の相関があることが判った[2]。次に，Ver. 2 の受験者の中で，TOEIC を受験していたもの 91 人の TOEIC の得点と，Ver. 2 の得点の相関を計算した。相関係数は r=0.72（p＜0.01）であり，高い相関を示した。また，プレイスメントテスト（Ver. 1）に比べて，より TOEIC との相関が高いことがわかった。このことから，一応の改善はなされたと言える。

2）　相関に関しては本書第 1 部 2 章 I-4（39 頁）を参照。

テスト作成における応用可能性：このように，IRT を用いてテストの項目を検討すると，違う受験者集団に何度も繰り返して使えるという利点がある。また，受験者数が増えれば，受験者の能力（受験者能力パラメータ）を測ることもできる。ただし，IRT を使って項目を分析するには最低でも 100 人以上のデータが必要であるという欠点はあるが，IRT によって違う年度に受けた受験生との結果の比較が同じ尺度でできることから，どの程度年度によって能力に差があるのかが測定できることになる。これからは，実力テストなどの，受験者の能力を測るテストにおいて応用する価値のある理論であるといえる。また，実力テストなどの，習熟度を測るテストを作る際に，IRT を使って分析をしておけば，良質なテストを無駄にすることがなくなるであろう。良質な問題（能力の弁別力の高い問題）は何度でも利用するべきであり，そのような問題を蓄えておくことでテスト作成の労力が軽減されると思われる。

3. 読書案内

- 大友賢二（1996）.『項目応答理論入門』大修館書店
  項目応答理論について分かりやすく書かれた入門書。項目応答理論の概要を理解するには最適である。
- 中村洋一（2002）.『テストで言語能力は測れるか』桐原書店
  項目応答理論について分かりやすく書かれた入門書。項目応答理論をつかった計算ができるソフトが付録としてついていて，実際の分析の仕方も詳しく述べられている。

第 2 部

学習段階に応じた
指導目標設定と達成のための
実　践　例

第1章

中学校へつなげる小学校英語活動

I. はじめに

　平成14年度より，本格的に公立小学校で「総合的な学習の時間」に英語活動が行われるようになった。以前から私立小学校や指定研究校で英語教育は行われてきたが，共通の普通教育として行われるようになったということと，専科の英語の教員ではなく担任が教えるということの2つの点において今までと大きく異なるといえる。つまり，英語活動を体験した生徒が中学校に入学してくるため，中学校では小学校で学習してきた内容を把握し，それに対応した新しい英語の入門指導の在り方を考える必要が出てきている。

　そこで，現在の小学校での英語活動の現状と中学校での受け入れ状況，実際に小学校で英語活動を体験した生徒たちの意識調査を行い，現在行われている英語活動の問題点と今後の課題について考察した。

II. 小学校英語活動のねらいと中学校英語教育の目標

まずは『小学校英語活動実践の手引』にあげられた小学校英語活動のねらいを中学校学習指導要領と比較してみると以下のようになる。

表1　小学校英語活動のねらいと中学校英語教育の目標（抜粋）

	小　学　校	中　学　校
時数	「総合的な学習の時間」の一環として任意で年間1～35時間程度行っている所が多い（4～11時間が最多で全体の4割強を占めている）	必修として105時間（週3時間） 選択として2・3年生で上限70時間（週1～2時間）
ねらい・目標	（英語活動を通じ）異文化に触れる体験をもち，さらに外国の人や文化にかかわろうとするときの手段として，英語を活用しようとする態度を育成すること。すなわち，言語習得を主な目的とするのではなく，興味・関心や意欲の育成をねらうことが重要である。	外国語（英語）を通じて，言語や文化に対する理解を深め，積極的にコミュニケーションを図ろうとする態度の育成を図り，聞くことや話すことなどの実践的コミュニケーション能力の基礎を養う。（具体的には「聞く」「話す」「読む」「書く」ことに慣れ親しみ，初歩的な英語を用いて，「相手の意向を聞き取ったり，読み取ったり」「自分の考えを話したり，書いたり」できるようにする。）

　第一に注目すべき点は，小学校英語活動のねらいは言語習得ではなく，興味・関心や意欲の育成にあるということである。そのために音声を中心に，あいさつや歌，ゲームなど，子どもが自然に英語を使用するような活動を通して，楽しみながら英語に慣れ親しむようにすることが重要である。

　また，国際理解教育として，外国語指導助手（Assistant Language Teacher：ALT）とかかわる中で，国や民族によって言語や文化が異なることを学ぶとともに，肌や髪，瞳の色が違ってもみな同じ人間であるということを，体験を通して気づかせ，異質のものに対して開かれた心を育てることも大きなねらいである。これはもちろん中学でも指導することであるが，アイデンティティがまだ確立しておらず，排他的文化的価値観という障壁ができていない児童期こそ，

人間性育成の有効な時期であると考えられている。それではそのために具体的にどのような内容を取り扱うのか，指導内容を見てみる。

表2　小学校及び中学校指導内容（抜粋）

	小　学　校	中　学　校
指導内容	中学校の学習内容を先取りするようなことは避け，子どもの日常生活の中の身近な英語を扱うことに重点を置き，楽しさの中に英語に慣れ親しむことができるように工夫する。また，実際の体験や擬似体験を通して英語に親しんでいくような配慮が必要である。さらに，あいさつや歌，ゲームなど子どもが自然に英語で話せるような活動が望ましい。指導内容を決める際のポイントは以下のようになる。 (1)音声を中心とする。 (2)子どもの「言いたいこと」「したいこと」を扱う (3)子どもの日常生活に身近なことがらを扱う (4)基本的で応用のきく表現を選ぶ (5)既知のものでも新たな発見をもたらす話題等を扱う (6)外国人の表現や身振りの中から，文化の違いに気付かせる (7)子どもの発達段階を踏まえた話題・素材・題材を扱う	(1)言語材料についての理解や練習を行う活動 (2)具体的な場面や状況にあった表現 (3)言語の使用場面や言語の働きを取り上げる ア．言語の使用場面の例 a. 特有の表現がよく使われる場合 　あいさつ・自己紹介・電話・買い物 　道案内・旅行・食事など b. 生徒の身近な暮らしに関わる場面 　家庭・学校の生活・地域の行事など イ．言語の働きの例 　考えを深めたり情報を伝達する 　意見を言う・説明する・報告する 　発表する・描写する・など a. 相手の行動をうながしたり自分の意思を示したりするもの b. 質問する・依頼する・招待する 　申し出る・確認する・約束する 　賛成／反対する・など c. 気持ちを伝えるもの 　礼を言う・苦情を言う・ほめる・あやまるなど

　指導内容については，小学校・中学校とも日常的に身近な表現を扱い，実際に体験的に使用することを重視している点で共通している。次に言語材料について見てみる。

表3 小学校および中学校言語材料（抜粋）

	小　学　校	中　学　校
言語材料	以下の内容を子どもの興味・関心に配慮しながら適切な学年で扱う。言語材料は単純にし，子どもが聞いたり使ったりする回数を多くし，1回扱った内容についても何度でも活動を変化させてくり返し扱う。 (1)歌 (2)あいさつの表現 　ア．初対面のあいさつ 　イ．出会いや別れのあいさつ 　ウ．日常のあいさつやお礼 (3)人間関係に関する語句と表現 　ア．自己紹介・人の名前をたずねる 　イ．友達にあいさつをする 　ウ．友達を別の友達に紹介する 　エ．家族のことについて話す (4)数字（数・値段・年齢・時間）に関する語句と表現 (5)場所（建物，道順，国の名前）に関する語句と表現 (6)季節・月日・曜日・朝夕に関する語句と表現 (7)天候に関する語句と表現 (8)行事（七夕・運動会・祭り）に関する語句と表現 (9)日常生活（乗り物，色彩，文具，買い物，生活）に関する語句と表現 (10)食べ物に関する語句と表現 (11)スポーツ・楽器に関する語句と表現 (12)体の部位に関する語句と表現 (13)動物に関する語句と表現 (14)動作に関する語句と表現 (15)気持ちや状態に関する語句と表現 (16)気持ちや励ましに関する表現 (17)方向などに関する語句と表現 (18)慣用的によく使う表現	(1)音　声 　ア．現代の標準的発音 　イ．語と語の連結による音変化 　ウ．語，句，文における強制 　エ．文におけるイントネーション 　オ．文における区切り (2)文字及び符号（省略） (3)語，連語及び慣用表現 　ア．別表1に示す語を含む900語程度・季節，月，曜日，時間，天気，数，家族などの日常生活に関わる基本的な語 　イ．連語のうち基本的なもの 　ウ．慣用表現のうち基本的なもの (4)文　法　事　項 　ア．文 　　a.単文，重文，複文 　　b.肯定文，否定文，（平叙文・命令文） 　　c.疑問文（動詞・助動詞・疑問詞） 　イ．文型（省略） 　ウ．代名詞 　　a.人称，疑問，数量を表すもの 　　b.関係代名詞 　エ．動詞の時制など 　オ．形容詞及び副詞の比較変化 　カ．to不定詞のうち基本的なもの 　キ．動名詞のうち基本的なもの 　ク．現在分詞及び過去分詞の形容詞的用法 　ケ．受け身のうち現在形及び過去形

小学校の言語材料に挙げられている項目と中学校の指導内容には共通した項目が多い。そのため、これを見て英語活動の目的を「英語力をつけること」と感じてしまい、中学校と同じアプローチで、反復練習などで定着させるような指導をしてしまう小学校も出てしまっている。しかしそれでは、『小学校英語活動実践の手引き』で望ましくないと指摘されている「中学校英語教育の先取り」になってしまう。中学校では小学校と同じ言語材料を使用するとしても、文の形・種類を身につけることが目標であるのに対し、小学校では文の形・種類を意識させず、使用場面の中でフレーズごと覚えていくように指導するのが適している。小学校で「体験」した英語を、中学校では「理解」し「定着」させるために充分に「使用」し、さらに応用して実践的に使えるように指導していくことで小・中が連携した英語教育となるだろう。

Ⅲ. 小学校での実施状況

1. 実施形態

以下のような組み合わせで行われているケースが多い。

❶ ＡＬＴ主導＋担任（Homeroom Teacher : HRT）のティーム・ティーチング（ＴＴ）
❷ ＨＲＴ主導＋ＡＬＴのＴＴ
❸ ＨＲＴのみ
❹ ＨＲＴ＋日本人英語教師（Japanese Teacher of English : JTE）のＴＴ
❺ ＨＲＴ＋保護者や地域の人などボランティアのＴＴ
❻ ＨＲＴ＋中学校英語教師（＋中学校のＡＬＴ）のＴＴ

年間実施時数の少ない学校では❶のケースが多いが、授業実施時数が多い学校では、❷～❻のケースが増えてきている。

2. カリキュラムの例

　ＡＬＴ主導＋ＨＲＴのＴＴで行っている学校（Ａ校）のカリキュラムと，ＨＲＴ主導＋年に数回保護者や地域の人，ＡＬＴのＴＴで行っている学校（Ｂ校）のカリキュラム（各担任作成）とを比較してみる（どちらも平成15年度のもの）。

　Ａ校では，あいさつの仕方，語彙などが，学年が上がるごとに積み重なり，6年間続けていくと小学校卒業時には10文（My name is.... I'm ...years old. I live in.... My birthday is.... I have a.... I like.... I don't like.... I can.... On week-

表4　ＡＬＴ主導＋ＨＲＴのＴＴで行っている学校の年間カリキュラム（抜粋）

	1 年	2 年	3 年	4 年	5 年	6 年
1回目	あいさつ	あいさつ How are you?	あいさつ I'm OK.	あいさつ Not bad.	あいさつ	あいさつ
2回目	vocabulary 'colors'	Do you like 'animals?'			How was your weekend?	Where are you from?
3回目	vocabulary 'animals'	Do you like 'fruits'?	I can...	Do you have a...?		
4回目	vocabulary 'food'	I don't like 'animals.'	I can't...			
5回目	I like 'colors.'	I don't like 'food.'		Do you have '兄弟' '姉妹'?		
6回目	I like 'animals.'	What's this? It's..	He's ...ing.	月・曜日 歌	I like ... ing.	My favorite ... is....
7回目	I like 'food.'	Verbs	Where are you going?	When is your birthday?	I don't like...ing.	
8回目			Where's 人?			自己紹介 10文

end, I do.... My favorite... is....）で自己紹介ができるようにゴールが設定されている。

　この方法のメリットとしては，ＡＬＴが派遣されている学校すべてで同じ授業が行われているため，中学校に入学してきたときに生徒が共通した英語活動の体験をしていることを前提として教員は指導を進めることができる。また，英語指導の訓練を受けているＡＬＴ主導で授業が行われるため，授業が比較的一定の水準を保てると考えられる。一方デメリットとしては，先にカリキュラムありきなので，児童が理解できていないと感じられても，次回のカリキュ

表5　ＨＲＴ主導など＋年に数回保護者や地域の人，ＡＬＴのＴＴで行っている学校のカリキュラム（時数は担任が各月1〜5時をあてている）

	1年	2年	3年	4年	5年	6年
7月	数・あいさつ・歌	食べ物・あいさつ	挨拶・自己紹介・歌	自己紹介	カラーバスケット	ＡＬＴに自己紹介
9月	数・あいさつ・歌・色	食べ物フォニックス	ハロウィンバスケット・食べ物	形・カルタ・歌	感情	月・曜日
10月	数・色・あいさつ・体	月の名前・誕生日	ハロウィーン・How many	時間・歌・チャンツ	動物・場所 Where..?	干支の動物
11月	数・身体・食べ物	買い物の仕方	指示で絵を描く	動詞・アクションゲーム	食物・場所 from・歌	時刻と動作
12月	色・身体・食べ物	買い物・お店屋さん	家族・身体ツイスターゲーム	虫・足し算	外国からお客さん	時刻と動作
1月	数・色・身体・歌	英語の歌と絵本	動物クイズ	ＡＬＴインタビュー	動詞・歌 Can you.?	外国からお客さん
2月	外国からお客さん	自己紹介の練習	クリスマスカード交換	留学生の話・質問	動き・スポーツ・歌	復習
3月	身体・食べ物	外国からお客さん	外国からお客さん	ＡＬＴと料理	色・形・歌 Let's...	

ムがすでに決まっており変更が難しいということが挙げられる。また，ＡＬＴ派遣業者は来年以降の契約のため，いかに児童にいろいろな活動をさせることができたか，またねらいを達成できたか，ということをＰＲしていかなければならず，わかっていないのに強引に進める部分が出てしまうこともあるようだ。

　Ｂ校では，各ＨＲＴが自分の担当している生徒の関心・能力に応じてカリキュラムを作っているため，生徒の実態に合っていることが最大のメリットである。ただしデメリットとしては，ＨＲＴごとの指導にばらつきがあり，学級・学年ごとに体験する内容に差が出てくるため，系統立った活動が考えにくい。

　以上のことから，教育委員会などが中心となって市や区単位である程度共通したカリキュラムを作り，それを基に各小学校とＨＲＴが自分の学校，学級の実態に応じて活動内容を決めていけるような仕組みが理想的である。少なくとも学校・学年内で，どのような英語体験をどの学年でさせるかを話し合い，系統立ったカリキュラムを作り，近隣の中学校にも伝えていくことで中学校まで連携した指導が可能になるだろう。

3.　小学校教員の意識調査

　実際に教えている小学校の教員は英語活動についてどのように感じているのかを調べるために，公立小学校16校116名の教員に以下の6つの質問からなるアンケートを実施した。全ての学校でＡＬＴが導入されている。

　<設　問>
　　1 児童は英語活動を楽しんでいるか。
　　　あてはまる・ややあてはまる・あまりあてはまらない・あてはまらない
　　2 来年度英語活動の時間を増やしたいか。（その理由）
　　　あてはまる・ややあてはまる・あまりあてはまらない・あてはまらない
　　3 ＡＬＴなしで英語活動をしてみたいか。（その理由）
　　　あてはまる・ややあてはまる・あまりあてはまらない・あてはまらない

❹ＡＬＴと打ち合わせをしているか。（その理由）
　　必ず毎回・ほぼ毎回・時々・やっていない
❺ＡＬＴの印象と感想。
❻現在行われている英語活動の感想。

<結果と考察>
　❶「児童は英語活動を楽しんでいるか」という設問には97％の教員が「あてはまる」「ややあてはまる」と答えており，ほとんどの小学校教員は児童が英語活動を楽しんでいると感じている。
　❷「来年度英語活動の時間を増やしたいか」という設問には63％の教員が「あてはまる」「ややあてはまる」と答えており，その理由として，「年間8回程度では間が空きすぎて前に習ったことを覚えていない」「最低月1回は来てほしい」などが挙げられた。また，「自分が主導になることがないなら増やしたい」という条件付きでの賛成も見られた。「増やしたくない」「どちらかといえば増やしたくない」と答えている人は37％で，その理由として「英語以前に国語ができていないのに英語だけ増やしても効果はない」「国際理解の取り組みの時間が減ってしまうから」などが挙げられていた。
　❸「ＡＬＴなしで英語活動をしてみたいか」については「あてはまる」「ややあてはまる」が28％，「あまりあてはまらない」「あてはまらない」が72％で，その理由として，「英語が話せないし，どうやって教えたらよいかわからない」「発音に自信がない」「今以上に教える教科が増えることは負担」などが挙げられた。❷でも「自分が主導になることがなければ英語活動の時間を増やしたい」という意見が挙げられていたが，全体の約7割がＨＲＴ主導で授業をすることに否定的である。今まで英語指導を経験したことがない小学校教員が，突然かかわらなければならなくなったことは大変なことだろう。しかし，ＡＬＴは英語指導に関して一応専門家であるものの，児童の現状を把握しているという点と，小学校教育であるという点でＨＲＴはＡＬＴより優れていると言える。そのため，カリキュラム作成の段階からできるだけ積極的にかかわり，自分の児

童に会った指導内容や指導方法を取り入れていく必要があるだろう。

しかし，**4**「ＡＬＴと打ち合わせをしているか」という設問への回答として，「必ず毎回打ち合わせている」が28％，「ほぼ毎回」が33％，「時々」が32％，「やっていない」が7％と，実際問題として約4割が「十分に打ち合わせる時間がとれない」と答えている。「ただでさえ教材準備をする時間が足りないのに，これ以上負担が増えるのは困る」という意見も挙げられていたが，このような状況で担任が主導になり指導計画を立てることは大きな負担である。年間35時間（週1回）の割合で英語活動をしている地域では，ＨＲＴが一人でほとんどの英語活動を行っており，これからこの傾向がもっと強くなることが予想される。教員自身が英語の苦手意識を克服して，児童と一緒になって楽しみながら体験し取り組んでいくことも必要であるが，やはり教育委員会などが中心となってある程度の枠組みを提供し，それをもとに各小学校とＨＲＴが自分の学校，学級の実態に応じて活動内容を決めていけるような仕組みが早急に必要であろう。

5 ＡＬＴの印象と感想には，ポジティブな意見としては，「楽しい授業でいつも楽しみにしている」「休み時間も遊んでくれ，心の交流もできている」「児童にとても好かれている」などがある。ネガティブな意見としては「全く分からない児童がいる」「『英語で話しかけないといけない』と思っている生徒には少し近寄りがたい」「授業内容が難しい」「ドリルのように繰り返すのではなく楽しめる授業をしてほしい」「ＡＬＴの人柄に児童の反応が左右されるので安定した人材を派遣してほしい」「英語だけで分からないときは担任が日本語を使用してもよいのではないか」「どのように担任が関わればよいのかが分からない」が挙げられた。

6「現在行われている英語活動の感想」には，「講師・カリキュラムは良いが，実施時数が少ないので効果が上がらないのではないか」「成果が出るにはもっと年数がいる」「前に学習したことを覚えていないのでもっと回数が増えるとよい」「小学校でどの程度親しませたいのかが不明」「英会話を習っている子のみが盛り上がっている」「すでに『英語は難しい』と思っている児童が多くい

るのでもっと簡単にしてほしい」が挙げられた。教員としては，活動したからには成果を期待し，時数を増やして体験した英語を定着させたいと感じているようだ。しかし，定着は中学校入学後でよいと考え，まずは教員も児童も全員が楽しんで体験し，分かったという達成感を持てる内容にすることが大切だろう。

IV. 中学校教員の対応状況

1. 中学校教員意識調査

小学校5，6年時に英語活動を体験してきた生徒を教えている公立中学校教員9校11名に以下の内容でアンケートを実施し，小学校英語活動についての意識調査を行った。

<設　問>
❶小学校で英語活動をしてくることをどう思うか。(ひとつ選択)
　以前も今も賛成・以前は反対だったが今は賛成・
　以前は賛成していたが今は反対・以前も今も反対・その他（自由記述）
❷小学校で英語活動をしてきた生徒だと意識して授業しているか。具体的にはどのように意識しているか。意識していない場合その理由は何か。（自由記述）
❸小学校で活動している内容を知っているか。（複数選択可）
　近隣の小学校の授業参観に行った（　　回）
　近隣ではないが小学校の授業参観に行った
　小学校で教える内容の年間カリキュラムを持っている・その他（自由記述）
❹小学校で英語活動をしてきたことで良くなった点。（複数選択可）
　聞くことに抵抗が少なくなった・話すことに抵抗が少なくなった・
　聞く力が高まった・話す力が高まった・その他（自由記述）

5 小学校で英語活動をしてきたことで良くなくなった点。（複数選択可）
　読むことに抵抗が出てきた・書くことに抵抗が出てきた・
　すでに苦手意識を持っている・英語嫌いな生徒が増えた・その他（自由記述）

<結果と考察>

1「小学校で英語活動をしてくることをどう思うか」に対し，「以前は賛成していたが今は反対」が2名，「以前は反対だったが今は賛成」が1名，「以前も今も賛成」が3名，その他が「分からない」など5名だった。賛成の理由として「早い内から教えるほうが発音など良い影響がある」，「日本人が教えるのではなくＡＬＴが決まったカリキュラムの下で教えているので」が挙げられた。賛成4名のうち2名は「日本人教員が教えるのではなく，ＡＬＴが中心となってコミュニケーション活動が多く取り入れられるなら」，「学校ごとに差が出ないように，全小学校が同じカリキュラムの下で体験してくるなら」と条件付きでの賛成だった。もし小学校間で体験内容・時間数が違ってくると，中学校の導入期の指導で配慮しなければならないことが増え，中学校にとって重要な問題となる。また，反対の理由として「すでに英語に抵抗を持って入学してくるようになった」という意見があったが，これも中学校にとって大きな問題である。また「今の段階では何とも言えない」という意見も多く挙げられた。

2「小学校で英語活動をしてきた生徒だと意識して授業しているか」に対しては，「意識している」が6名，「意識してない」が4名，「どちらともいえない」が1名だった。「具体的にはどのように意識しているか」については，「コミュニケーション活動を多く取り入れ，楽しい授業を心がけている」，「小学校で学習したと思われる内容（自己紹介，あいさつ）などに時間をあまりかけず，繰り返しすぎて飽きさせないようにしている」などが挙げられた。また，意識していない場合の理由としては，「今の程度なら特に意識する必要はない」，「あまり力がついているようには思えない」が挙げられた。

3「小学校で活動している内容を知っているか」については「近隣の小学校の授業参観に行った」が6名（見学回数：4回が1名，2回が2名，1回が3名），

「近隣ではないが小学校の授業参観に行った」が1名,「小学校で教える内容の年間カリキュラムを持っている」が3名,「生徒に学習した内容を聞いた」が1名,「近隣の小学校の先生と情報交換した」が1名,「これから近隣の小学校に見学に行きたい」が1名だった。

　中学校教員は小学校での英語活動の内容にかなり興味を持っており,半分以上の教員が実際に近隣の小学校の活動を見学に行っている。小学校での年間カリキュラムを取り寄せ,小学校でどのような活動を行っているかを知ることは,中学校での導入期の指導を考える上で必要なことである。また,❷に見られたように,小学校の英語活動を受け,11名中6名が,指導の手順や内容を決定している。共通の指導カリキュラムを実施している地域の教育委員会はその内容が中学校にも行き渡るようにし,教員は連携して指導することが望まれる。

　❹「小学校で英語活動をしてきたことで良くなった点」については,「聞くことに抵抗が少なくなった」が7名,「話すことに抵抗が少なくなった」が5名,「聞く力が高まった」が4名,「話す力が高まった」が1名だった。小学校で英語活動を体験してくるようになって,ほとんどの教員が,英語を「聞くこと」「話すこと」に抵抗が少なくなったと感じている。「小学校ではＡＬＴが日本語を介さずに英語で活動を行うため,中学校で英語だけで授業をすることにも抵抗が少なくなった」という意見も見られた。

　❺「小学校で英語活動をしてきたことで良くなくなった点」については,「すでに苦手意識を持っている」が6名,「英語嫌いな生徒が増えた」が5名,「書くことに抵抗が出てきた」が4名,「慣れからいい加減に授業を受けるようになった」が2名,「読むことに抵抗が出てきた」が1名だった。半分以上の教員がデメリットとして「すでに苦手意識を持っている」,「英語嫌いな生徒が増えた」と感じている。このことは,小学校で体験している内容が生徒の実態と則していないことを示しているのではないだろうか。また逆に,「小学校では音声のみで楽しい活動を行っているのに対し中学校では文法などの読み書きが増えるため,書くこと,読むことに抵抗を持つ生徒が増えた」という意見も見られた。

そこで，実際に小学校で英語活動を体験して中学校に入学してきた生徒に小学校時の活動を振り返ってもらい，体験した本人たちはどのように小学校での英語活動をとらえていたのかについて調べた。

V. 小学5, 6年次に英語活動を体験してきた生徒の意識調査

実際に小学校5, 6年次に英語活動を体験してきた児童は英語についてどのように感じているのか，公立中学校5校258名（男子133名・女子125名）に中学校入学から約8か月後の12月に以下のアンケートに回答してもらった。これらの生徒の出身小学校は14校にわたっている。

<設　問>
1 小学校での英語活動は好きだったか。（ひとつ選択）
   好きだった・好きではなかった
2 その理由（複数選択可）
   ア．外国人の先生との授業が楽しかった
   イ．外国人の先生との授業が楽しくなかった
   ウ．ゲームが楽しかった
   エ．ゲームが楽しくなかった
   オ．歌が楽しかった
   カ．歌が楽しくなかった
   キ．何を言っているかわかって楽しかった
   ク．何を言っているかわからなくて楽しくなかった
   ケ．思っていることを言えて楽しかった
   コ．自分の思っていることを言えなくて楽しくなかった
   サ．簡単だった
   シ．難しかった
   ス．成績に関係がなかった
   セ．単語や文を書くことがなかった

ソ．その他（自由記述）
3 中学校に入学して，小学校と違って驚いたことはあるか。（自由記述）
4 小学校で学習したことで中学校に入って役立ったことはあるか。（自由記述）
5 中学校の授業を受けて英語に対してどのように感じているか。（ひとつ選択）

小中学校ともに好き・小学校では好きだったが中学校に入って好きではなくなった・

小学校では好きではなかったが中学校に入って好きになった・

小中学校とも嫌い・小学校でも中学校でも好きでも嫌いでもない

その理由（複数選択可）

ア．外国人の先生との授業が楽しい

イ．外国人の先生との授業が楽しくない

ウ．ゲームが楽しい

エ．ゲームが楽しくない

オ．歌が楽しい

カ．歌が楽しくない

キ．何を言っているかわかって楽しい

ク．何を言っているかわからなくて楽しくない

ケ．思っていることを言えて楽しい

コ．自分の思っていることを言えなくて楽しくない

サ．簡単

シ．難しい

ス．成績に関係があってうれしい

セ．成績に関係があるのが負担

ソ．書くことが楽しい

タ．書くことが多い

チ．その他（自由記述）

6 小学校と比べて，中学校の授業に対してどのように感じるか（自由記述）

<結果と考察>

1 2「小学校での英語活動は好きだったか」については約半分以上の 141 名

（男子69名・女子72名：男子52%・女子57%）が「好きだった」と答えている。その理由として，上位に挙げられたのが「ゲームが楽しかった」145名，「外国人の先生との授業が楽しかった」133名，「何を言っているかわかって楽しかった」62名，「簡単だった」54名，「歌が楽しかった」52名，「思っていることを言えて楽しかった」52名，「成績に関係がなかった」38名だった[1]。「好きではなかった」と答えたのは117名（男子64名・53名：男子48%・女子43%）で，理由としては「何を言っているかわからなくて楽しくなかった」119名，「難しかった」115名，「自分の思っていることを言えなくて楽しくなかった」103名，「外国人の先生との授業が楽しくなかった」75名，「歌が楽しくなかった」70名などが挙げられた。これは，中学校教員が感じていた，すでに英語を苦手と感じている生徒が増えたという意見を裏付ける回答である。小学校教員の，児童は英語活動を楽しんでいると感じるという回答（97%）とは大きな開きが見られる。

　「好きではなかった」と答えた生徒の理由の中に「習っている人，分かっている人だけが楽しそうにしていて嫌だった」という意見があったが，分かっている生徒が積極的に発言をしているため，クラスの中で「分からない」，だから「つまらない」と感じている生徒が出ていることが見過ごされないように心がけたい。これらの小学校では日本語訳を介さず場面や状況から理解することを児童に体験させるために，担任が日本語に訳すことは極力避けられてきたようだ。これらの回答が示すように，担任の日本語訳がないと何をやっているのか児童が分からないのだとすれば，日本語の説明を入れる方がいいと考えられやすい。しかし小学校の段階でもっとも大切なことの一つは，場面や状況からことばの意味を類推すること，また，それが可能だという体験をさせることである。安易に日本語訳を与え，分かればよいというのではなく，指導内容や指

1）　設問の意図としては，**1**の回答の理由を**2**で選ぶようにしたつもりだったが，生徒たちは**1**で「好きではなかった」を選んでも「ゲームが楽しかった」を選んだり，「好きだった」を選んだ生徒でも「何を言っているかわからなくて楽しくなかった」を選んだり，自分が該当するものをすべて選んでいたためこのような数値となった。

導方法を検討し，日本語訳がなくてもコミュニケーションを達成できたと感じられる英語活動を考えていかなければならない。

❸「中学校に入学して，小学校と違って驚いたことはあるか」については「ない」69名，「書くことが多い」20名，「難しい」14名，「文法を習った」11名，「定期的に授業があり，授業数が多い」8名，「教科書がある」7名だった。中学校に入れば学習内容が難しくなると最初に思っているせいか，「ゲームがある」，「楽しい」が驚いたこととして挙げられている回答もあった。

❹「小学校で学習したことで中学校に入って役立ったことはあるか」に対しては「ない」115名，「知っている単語があった」22名，「あいさつがわかった」10名，「アルファベットを知っていた」9名，「自己紹介ができた」8名，「英語に慣れていた」5名だった。具体的に知っている単語として，Do you...? have, like, play などが挙げられていた。小学校では文字の導入はしないで音声中心で教えることになっているが，実際にはＡＢＣの歌やローマ字を通して学習し，黒板に文字が書かれることも多く，大文字は多くの生徒が知っていたようだ。

❺「中学校の授業を受けて英語に対してどのように感じているか」については「小中学校ともに好き」58名（22%），「小学校では好きだったが中学校に入って好きではなくなった」19名（7%），「小学校では好きではなかったが中学校に入って好きになった」64名（25%），「小中学校とも嫌い」36名（14%），「小学校でも中学校でも好きでも嫌いでもない」79名（30%）であった。ポジティブな理由としては，「外国人の先生との授業が楽しい」195名，「ゲームが楽しい」173名，「何を言っているかわかって楽しい」113名，「書くことが楽しい」108名，「成績に関係があってうれしい」55名などが挙げられた[2]。ネガティブな理由としては，「思っていることが言えない」88名，「成績に関係があるのが負担」86名，「読む量が多い（その他）」75名，「書くことが多い」55名，

---

2) 注1でも書いたように，生徒たちはどのように感じているかの回答のいかんにかかわらず，「外国人の先生との授業が楽しい」や「ゲームが楽しい」を選ぶなど，自分が該当するものをすべて選んでいたためこのような数値となった。

「何を言っているかわからなくて楽しくない」49名などが挙げられた。

6「小学校と比べて，中学校の授業に対してどのように感じるか」について，ポジティブな意見として「わかるようになった」23名，「楽しい」22名，「分かりやすい」12名，「話せるようになった」10名，「先生が日本人で，日本語で教えてくれる」8名，「書くのが楽しい」5名，「詳しい説明がある」5名などが挙げられた。ネガティブな意見としては「進むのが早い」10名，「わからない」7名，「つまらない」5名，「覚えることが多い」4名，「書くのが嫌」4名などが挙げられた。

小学校で楽しく英語活動をしてきた後で，中学校で文法知識を学習したり，書いたりすることが多くなると，英語嫌いになる生徒が増えるのではないかと危惧していたのだが，このアンケートでは中学校の授業は比較的好意的にとらえられているようだ。中学校教員のアンケートでは，書くことが生徒の英語嫌いになる原因の一つと考えられていたが，生徒たちはむしろ書くことを覚えることにつながる楽しい活動としてとらえている。中学生という発達段階では，意味が分からないまま繰り返して覚えるより，理屈で理解し，記録するという過程を好むようである。このことは，小学校高学年時の指導を考える上でも参考になるのではないだろうか。

今回の調査は小学校高学年から英語活動を始めた生徒が対象であり，低学年時から積み重ねて活動してくるとまた異なる回答が得られることだろう。少なくともこれらのデータから分かることは，児童・生徒が活動・授業を楽しいと思えるか思えないかは，「相手が言っていることがわかる」「思っていることが言える」ことに大きく関わっている。もちろん「ゲームが楽しい」ということも重要だが，それだけではなく，「コミュニケーションが達成できた」と実感できるような言語活動こそが英語活動に求められている。児童・生徒が「わかった」「話せた」と達成感を持てるような内容を適切に指導していくことが大切である。

VI. これからの小学校英語活動と中学校英語教育の連携

1. 小学校英語活動における担任の役割

　今まで見てきたように，義務教育での外国語教育として，小学校英語活動の目標設定，シラバス，指導法などの本質的な検討が必要である。地域やその学校の特色に合わせた目標設定をしていくには，教育委員会と学校の連携，必要に応じて専門家の助言や中学校英語教員の協力が必要だ。しかし，なにより大切なことは子どもたちを日々見ている小学校教員の参加である。時間的制約に加え，自己の英語力不足のため，英語の専門家であるＡＬＴや派遣業者に一任してしまう傾向がまだ高いかもしれない。小学校教員が専門外の英語自体の指導について自信がないのは当然である。理論的根拠に支えられた指導目標や学習内容は専門家が中心になって作成されるべきである。しかしそこに児童を日々育てている小学校教育の専門家として小学校教員もかかわり，現場の実態に即した具体的指導計画を作成し，それを各学校が利用していけるような体制を整えていく必要があるだろう。

　また，英語活動の「ねらい」は言語習得ではなく，外国の人や文化にかかわるときの手段として英語を活用しようとする態度を育成することである。小学校教員は正確な英語で話すことにこだわりすぎることなく，異なる言語や文化を理解しよう，新しいものに挑戦しよう，という姿勢を児童に見せていくことが大切である。英語活動を「英会話をやる時間」と考えるのではなく，「自分と異なる人と理解しあい，協力しあう共生の心を育てる時間」と考えると，その指導の中心はＡＬＴではなく，自然と小学校教員になってくるのではないだろうか。

2. 小学校と中学校との連携

　小学校における英語活動とその指導は児童の年齢・発達段階において計画されるべきであり，中学校・高等学校の優れた英語教員が小学校に行って，同じ方法で授業すればうまく行くとは限らない。小学校教育は小学生に対する教育の専門性が要求されるからである。

　それでは英語活動に小学校と中学校が連携するにはどうしたらよいだろうか。中学校教員がかかわれるとしたら，論理思考期に入ってくる小学校5，6年生を対象に，生徒の知的関心に合う英語活動のカリキュラム作成への参加や指導に協力していくことだろう。これにより英語活動から英語教育へとスムーズな移行ができるようになるかもしれない。

3. まとめ

　現場で十分な準備や議論もされぬまま，今や英語活動を行うことは当たり前となり，具体的にどのように指導していくのか，という段階に入ってきている。そしてそれを一番よく知り，活動化のアイデアを持つのは，小学校教員である。他教科の学習や小学校生活全般での体験も踏まえて，こういうことを体験させ，こんなことに気づかせたいというようなことを抽出し，それに中学校教員や大学の研究者など英語教育の専門家に協力してもらうことが必要だ。

　そして，小学校英語活動のねらいは言語習得ではなく，異なる言語や文化への興味・関心や意欲の育成であることを念頭に，教員，児童ともに楽しみながら英語に慣れ親しみ，国際理解・人間理解の喜びを体感する時間にすることが一番大切だろう。

参 考 文 献

・大津由紀雄（編）(2004).『小学校での英語教育は必要か』慶應義塾大学出版会
・大田区立池雪小学校平成15年度研究紀要「国際社会に生きる子どもを目指して～英語に親しむ活

動を通じて〜」
・松川禮子（1997）.『小学校に英語がやってきた―カリキュラムづくりへの提言』アプリコット
・松川禮子（2003）.『小学校英語活動を創る』高陵社書店
・文部省（1998）.『学習指導要領』 大蔵省印刷局
・文部科学省（2001）.『小学校英語活動実践の手引』開隆堂出版

第2章

高等学校へつなげる中学校英語教育

I. 中学校英語教育の目標

1. 学習指導要領における目標

中学校学習指導要領（外国語）における基本方針：平成14年4月から中学校で施行されている学習指導要領（平成10年12月改訂）の基本方針は以下の3つである。

- ❶ 実践的コミュニケーション能力，異文化を理解・尊重する態度の育成
- ❷ 言語の実際の使用場面に配慮した指導の充実
- ❸ 外国語科の必修化，英語履修の原則化

なお，年間105時間（週3時間）の必修以外の選択教科としての外国語については，各学校において課題学習，補充的な学習，発展的な学習など，生徒の特性等に応じ一層多様な学習が展開できるようになった。

外国語科の目標と変更の要点：外国語科の目標は次の通りである。

外国語を通じて，言語や文化に対する理解を深め，積極的にコミュニケーションを図ろうとする態度の育成を図り，聞くことや話すことなどの実践的コミュニケーション能力の基礎を養う。

平成元年改訂の指導要領では「コミュニケーション能力」を養うことが目標とされたが，今回の指導要領ではそれをさらに一歩進めて「『実践的』コミュニケーション能力」の育成とし，さらに音声によるコミュニケーションに重点をおいている。このことから，従来の文法中心の一斉授業から，聞くことや話すことを重視した活動をさらに促そうとする考えがうかがえる。

また，これまで学年ごとに示されていた目標は，より弾力的な指導を目指すという考えから学年配当をはずして3学年間を通したものとなり，各学校の実態に応じて設定することとされた。必要な単語についても，3年間で900語程度学習するもののうち，明示されているのは100語のみであり，これまでと比較して弾力的な指導が可能となっている。

つまり，1) 中学校段階で育成すべきものは実践的コミュニケーション能力の基礎であり，2) 3年間を通してその基礎的な能力を柔軟に指導すればよい，というのが指導要領の基本的な考え方である。

2. 高等学校を視野に入れた中学校英語教育の目標

上述のように，中学校では3年間を通して基礎的な実践的コミュニケーション能力を育成することがねらいであるが，この能力は高等学校での英語の学習へとつながり，ひいては大学，社会へとつながっていくものでなければならない。そのような実践的コミュニケーション能力を育成するには，具体的に何を重視していけばよいのかを考えてみる。

訳読，パターン・プラクティスからコミュニケーション活動へ
　　——受け身の一斉授業から能動的なグループ・個別活動へ——：新しい文型を教えようとする際にどのような形で導入していけばよいのだろうか。黒板に

文型を書き日本語で説明をしてからワークブック等を使用して問題を解いたり，訳読をしたりするという伝統的な文法訳読法（Grammar-Translation Method），基本となる文型を無意識に言えるようになるまで口頭で繰り返し練習するパターン・プラクティス（Audio-Lingual Method），英語だけを用いて教える直接教授法（Direct Method）など，数えあげればきりがないほどである。様々な教授法があり，それぞれ批判もあるが，一つの教授法にしばられることなく，生徒の実態を把握した上で教師側の資質や特質を生かして授業に臨む必要がある。

大事なことは，生徒が受け身に徹する一斉授業をするばかりではなく，学習者中心となる授業を行い，生徒が学習した表現を実際に使用できるようにするという点にある。生徒同士がなるべく現実に近い形でコミュニケーションを行えるように，環境や教材を整えるのも教師の役割である。

例えば，生徒がグループになり目標文型を用いた短いスキットを作ることは，コミュニケーション能力の育成を目指した能動的なグループ活動の1つである。具体例としては，「3〜4人のグループで，1人3文以上，目標文型2文以上，暗記して発表」といったクラスの実態に応じた基準に従い，スキット作成に取り組む。初めて行う場合はおそらく30分以上かかるだろう。しかし，慣れて来ると5分程度でできるようになる。1か月くらい同じグループで行うと，役割が決まってきて物語性が表出し，生徒が楽しみながら行うようになってくる。毎回，全グループを発表させるには時間的な制約があるので，教師が机間指導をしながら発表を聞き，代表1グループだけが全体発表をするというようにするとよい。本来の意味でのコミュニケーション活動をしようとしても，時間的・空間的，環境面・費用面の制約から実施はなかなか難しいが，この程度の疑似コミュニケーション活動なら簡単にできる。意味の伝達を中心として英語力の伸長を目指す意味重視指導（meaning-focused instruction）となろう。

訳読から，英語を英語で捉える脳の開発へ：英語を習い始めたばかりの生徒であっても，"Thank you."と言われた時に，「ああ，これは『ありがとう』という意味だな」と日本語に訳している生徒はいないだろう。英語を英語のまま捉えているからである。その力を自然に伸ばすことができるか，あるい

は，すべての英文を日本語に訳さないと意味が捉えられない生徒にしてしまうかは教師の教え方にかかってくる。英語を英語のまま捉える基礎的な力をつける第一歩として，教師は日本語訳を入れず，積極的に英語で話しかけることが必要である。

近年，小学校でも「総合的な学習の時間」の活用などにより，英語活動を取り入れているところが増えてきた。そのような小学校では，英語で英語を教えているところが多い。その基礎を生かし，中学1年の最初からほとんどすべてを英語で教えてみよう（一部の文法事項を除く）。生徒の理解を助けるために言い換えやジェスチャーを使ったり，英語では理解不能な場合，日本語の単語を使用するなどの方略を駆使したりすることも必要だ。生徒が「どうせ聞いても分からない」とあきらめることのないように，易しい英語にして話しかける。2学期には，かなりのリスニング力がついているはずだ。こうして鍛えられた生徒たちは，英語を英語のまま捉える習慣が身に付いているので，リーディングの時にも読むのが速く大意を捉えるのが上手になる。この能力を中学生のうちに十分に身に付けることが肝要である。

外国語指導助手（Assistant Language Teacher: ALT）とのティーム・ティーチング（TT）を成果のあるものへ：現在，ALTが派遣されていないという中学校はほとんどなく，回数の差こそあれ，定期的に来ている。そのALTを大いに活用したいものである。英語の授業すべて，あるいは週に1～2時間ALTが授業に入るという学校はもちろんのこと，ALT訪問回数が少ない学校であっても，ALTをゲーム中心のパターン・プラクティスやテープレコーダー代わりに使ってはもったいない。例えば，「20分間でこの文型を教える活動をして欲しい」とALTに頼み，その20分間，教室の隅で腕組みをして見ているだけということがあってはならない。ティーム・ティーチング（TT）は一緒に教えてこそTTである。どんな活動でも常に一緒に行う。事前の授業プランの作成や打ち合わせが大変だと二の足を踏む教師もいるが，要領さえつかめば，効率よくTTを行うことができる。ALTは必ずしも英語の専門家というわけではなく，教えた経験を持たないまま初めて日本の土を踏む

という者も多い。生徒の実践的コミュニケーション能力の育成を目指す一助として，ＡＬＴの育成も重要な課題である。ＴＴを通してＡＬＴが有能になればなるほど，日本人英語教師（Japanese Teacher of English：ＪＴＥ）を効果的にサポートしてくれるようになる。以下に，無理のない範囲でのＴＴ例を挙げてみる。

❶ スキット（リスニング）：必ず，ＪＴＥ，ＡＬＴ二人のかけ合いで行う。事前打ち合わせは必要だが，時間がない場合，「○○の文型を入れること」という基本だけを押さえたアドリブでもよい。事前準備されたものだけではなく，生きた英語を聞かせるのも良い経験である。ＪＴＥの長所は，英語母語話者では気づくことのない日本人のつまずきの箇所を熟知しているということだ。かけ合いの中でそのような箇所に来たら，その場でＡＬＴに質問する。「先生でも分からないことがあるのか」と生徒に思わせると，生徒は喜んで真剣に聞こうとするものだ。ＡＬＴの英語が生徒にとって難しすぎる場合もあるが，そのような場合であってもＪＴＥは日本語訳をしないのが原則である。ＪＴＥが日本語で説明してくれると分かると，生徒は英語を聞かなくなってしまうからである。このような場合のＪＴＥの役割は，難しいだろうと思われる部分を易しい英語にして説明し直すことである。

❷ 教科書のリーディング：打ち合わせは不要である。"Open your textbook to page... Repeat after me." と言ってＪＴＥが始め，"Now, repeat after Ms.(Mr.) (ALT's name)." と生徒に言えば，ＡＬＴは理解して次を始めてくれるはずだ。つまり，教室内ではＪＴＥは次にすべきことをＡＬＴに説明するのではなく，生徒に対して言うのである。すべてをＡＬＴ任せにしたりせず，ＪＴＥも交替しながら行う。生徒からすれば，日本人の発する英語と，英語母語話者の発する英語の違いに気づく場ともなる。

❸ スピーキング：前項「訳読，パターン・プラクティスからコミュニケーション活動へ」のようなグループ単位のコミュニケーション活動を行っている時は，ＡＬＴの力を最大限に発揮して欲しい時間だ。ＡＬＴもＪＴＥも積極的にグループの中に入って行き，実践的なコミュニケーションの時間にする。生徒の言ってい

る意味が分からない時も，スキットが面白い時も，教師側は英語で反応する。また，文法上の間違いに関しては，生徒の言葉をおうむ返しに言ったり，繰り返しの要求をしたりするなどの修正フィードバック（corrective feedback）を与えて，誤りの修正を促すこともできる。

❹　ライティング：ＡＬＴ宛てに日記でも手紙でもどんどん書かせよう。学校に常駐しているならば，簡単な返事くらいは書いてくれるはずである。全部添削してもらう必要はない。大きな，繰り返される間違いを直すだけにして，コメントや絵文字１つでも書いてもらうようにすればよい。

コンピュータを活用できる生徒へ：情報化社会において，生徒がコンピュータ・リテラシーを身に付けることは必須である。英語の授業でも積極的にコンピュータに触れるようにしたい。具体例は実践事例を参照されたい。

3.　目標の設定と評価

各学校では，学校の実態に応じた年間指導計画が教科ごとに作成され，単元ごとの目標も設定されている。これらの指導計画を作成する際に，大きくシンプルな目標も入れておくとよい。ある学期は「スピーキング力を伸ばそう」という大きな目標を立て，教科書やその他の教材を「スピーキング」という切り口から取り組む，というようなことも一方法だ。単元のみにとらわれない，中期的な到達目標を設定する。

評価については，平成12年12月の教育課程審議会答申の趣旨を踏まえ，観点別学習状況の評価[1]を基本として，「目標に準拠した評価（いわゆる絶対評価）」を一層重視することと，個人内評価を工夫することになった。その際求められ

1）観点別学習状況の評価
「関心・意欲・態度」「思考・判断」「技能・表現」「知識・理解」の４観点を基本として，学習指導要領に示す目標に照らして，生徒の学習の到達度を評価すること。「十分満足できるもの」はＡ，「おおむね満足できるもの」はＢ，「努力を要すると判断されるもの」をＣと評価することになっている。この評価を総括して評定（５段階）を行う。

ていることは，知識・技能の評価だけではなく，思考力，判断力，表現力や自ら学ぶ意欲，態度などを含めた到達度を適切に評価することである。各学校の評価規準[2]を元に，筆記テストだけに頼らない，総合的な意味での評価を目指したい。

II. 中学校における英語授業の実践事例

1. 外国語を通じて，言語や文化に対する理解を深めるための活動例

20世紀終盤から21世紀にかけての世界のグローバル化には目を見張るものがある。このような国際社会に生きる日本人として，もはや自分の周辺のことだけを中心に考えて生きていくことは不可能であり，またそのような考え方自体からの脱却が必要となってきている。外国語，特に英語を通じて，言語や文化に対する理解を深めるためにはどのような活動が考えられるだろうか。理想的には，世界の文化の多様性・普遍性，環境，国際紛争，人種差別等にまで踏み込めればよいが，現在の教育課程における外国語科の時間内では無理がある。「総合的な学習の時間」の国際理解教育にも積極的に組み込みたい。

時間的な制約がある中で，できれば取り組んでみたいものを挙げる。

実践事例1　自分の住む町や日本についての説明：外国人と話をしていると，日本について色々な質問をされることがある。自分も含め，いったいどれだけの日本人がその質問に対して正しく答えることができるのだろうか。ことばの背景にある外国文化への理解を深めることは大切であるが，それと同時に自分たちの文化への理解も深めたい。中学校では，インターネット上の日本に関する情報の活用と，それをまとめてプレゼンテーションを行う活動を

---

2) 評価規準
評価の考え方が「目標に準拠した評価（いわゆる絶対評価）」になったことで，各教科の単元・題材等の学習目標に対して，生徒の学習の実現状況を適切に把握するための「ものさし」。評価活動は，①単元目標と評価規準を設定→②授業→③観点別学習状況の評価→④評定，の過程を経て行われる。

してみたい。ただし，インターネット上の情報は大人用の英語がほとんどで，中学生にはかなり難しい。教師側で，事前に利用可能な Web サイトを調べておく必要性があるだろう。例えば，「日本文化キーワード事典」(http://www.japanlink.co.jp/ka/) には，様々な項目（例：伝統－芸能・文化・芸術・スポーツ・衣食住，生活－ことば・教育・政治・年中行事・祭り，自然－動植物・地理・気候・風土等）について，英語と日本語両方で簡潔にまとめた文が載っている。既知である自国の文化についての記述であるため，辞書を使用すれば中学2年生以上は理解可能だ。

後述のように，英語を用いて外国の人と電子メールのやり取りをするときに，この活動は実際に必要となることが多い。アメリカなどでは，このようなプロジェクトがよく行われており，日本側から作成した掲示物やビデオ（学校・町・日本紹介），日本独特のものなどを国際郵便で送ると，相手校では校内にディスプレイしてくれる。その様子を収めた写真や手紙などを自校に掲示することによって，参加した生徒の充実感と翌年度の生徒への動機づけとすることができる。

実践事例2　世界の国の調査と発表

　ア．選択した国についての調査と発表

　グループに分かれ，調査しようと思う国について調べる。「総合的な学習の時間」内の実施でもよい。学校内の図書館では情報量が少ないため，インターネットの活用を念頭に置く。

　イ．テーマを決めての調査と発表（例：食べ物・天候・言語など）

　テーマから各国の文化について調べるという方法がある。例えば，「食べ物」という共通テーマの下，あるグループはカレー，あるグループはスパゲティというような形で調べる。料理をする時間は取れないので，レシピを英語で発表する。

実践事例3　行事の紹介：イースター（Easter），ハロウィン（Halloween），感謝祭（Thanksgiving），クリスマス（Christmas）等の行事の紹介は，異文化の導入や生徒の興味・関心を喚起するという意味で，年間に1～2回は取

り上げたい。筆者の前任校では，校長・教頭をはじめ，担任にも参加してもらう一大イベントとして，毎年，ハロウィン・パーティを行っていた。生徒も教師も全員コスチュームを身にまとい，コスチューム・コンテストを実施する。Trick or Treat 用のキャンディや，水に浮かべて口で取るためのりんご（生徒持参でもよい），箱の中に入れる皮をむいた巨峰（目玉の代わり）やゆでたスパゲティ（脳みその代わり），各テーブルに用意した英語のプリント・クイズなど，教師側の準備は大変だが，生徒は家でコスチュームを用意しておくことくらいなので，授業時間としては各クラス1時間だけで済む。

実践事例4 月ごとのライティング課題：月ごとに課題を決め，各課題用の定型用紙を配布し，ライティング課題とする。例えば，1月は新年のカード，2月はバレンタイン（St. Valentine's Day），3月は卒業生へのメッセージといった課題を与える。また，子どもの時の写真を添えて"Who am I?"のタイトルに様々なヒントを入れたり，休業前には休み中の計画リストを作成したり，宿泊学習や修学旅行の思い出を書いたりするなど，宿題の形にして提出を促す。慣れてくると，さほど時間がかからなくなる。

2. 積極的にコミュニケーションを図ろうとする態度を育成するための活動例

「訳読から英語を英語で捉える脳の開発へ」（101～102頁）でも述べた通り，積極的にコミュニケーションを図ろうとする態度を育成するためには，まず教師自らが英語を話すことである。一部の文法事項を除き，英語の授業すべてを英語で行うことが可能である。相手が幼稚園児でも小学生でも可能であるが，中学2年生からでは遅い。中学1年生の1年間を日本語で教えてしまったら，その生徒たちは英語だけの授業にアレルギー反応を起こしてしまうからだ。初めはゆっくり丁寧に実物やジェスチャーを交えて，半分ほど理解できればよい。そのうちに，生徒には重要事項を捉える力がついてくる。1年生の後半には，ALT1人だけの授業（ゲームではない）も成立可能なほどのレベルになる。

その基本的な環境を与えた上で，場面を設定し教材の工夫をする。

実践事例5　パスポートの作成と様々な利用法：夏休みに準備をし，中学1年生の2学期に各生徒にパスポートを配布する。表紙は赤か青の色画用紙を使用し，中にはデジタルカメラで撮った各個人の写真を入れて印刷して渡すと生徒はとても大切にする。パスポートの中には，入国管理局で想定される問答集，後述のあいづち集，基本的な表現集（実践事例**8**のインタビュー・カード等），ステッカーを貼るのに使う世界1周のページなどを用意しておくと，1回限りではなく，様々な機会に使用することができる。

実践事例6　買い物ゲーム：卒業時に生徒に書いてもらう「先生評価」用紙の中で，「1番楽しかったのは」との質問に「買い物ゲーム」と答える生徒が多い。3年間で1番記憶に残る活動にするにはやはり準備が欠かせないが，1度作成してしまえば再利用が可能なので用意しておくと便利だ。ドルやセント，クォーターやダイムの区別，お金の数え方を学習するために，かなりの量の紙コインとドル札（縮小白黒印刷）を用意する。品物は現物だと保管が大変なため，画用紙に雑誌の切り抜きを貼り，値段を書き込んでおく。事前の授業で，客と店員それぞれが使う表現をしっかり身につけておくことは必須である。当日はクラスを2つに分け，半分は客，残りの者は店員になる。途中で役割を交替する。ALTが帰国した際，あるいは自分で旅行に行った際に大量に購入してあるステッカーや鉛筆，その他の文房具や小物（アメリカでは地方都市でも教師用の専門店があり，安く手に入る）も店に並べる。これらの品物も「買い物表現ができたら」という条件の下で実際に購入できることを知らせておくと，事前の練習にも熱が入る。このようなスピーキングのみの活動は，筆記テストで力の発揮できない生徒でも取り組みが可能なので，励ましながら充実感を持たせる良い機会となる。

3. 実践的コミュニケーション能力の基礎を養うための活動例

　実践的コミュニケーション能力とは，「単に外国語の文法規則や語彙などについての知識を持っているというだけではなく，実際のコミュニケーションを目的として外国語を運用することができる能力」(学習指導要領解説) である。ある英語母語話者が講演の中で，「英語で書かれたマクロ経済学の本を読んでいた日本人学生に，"Does this train go to Osaka?" と尋ねたら，手で顔を覆い隠して答えてくれなかった」という経験談を話していた。中学校1年後半レベルの質問に反応できなかったこの学生は，十分過ぎるほどの知識を持ちながら，実践的コミュニケーション能力を十分に育成してこなかった日本人の典型であろう。この能力の基礎を養うことが指導要領での最重要項目となっている。

実践事例7　グループワーク (Interactive English Forum)：3人の生徒が，そのグループに対して与えられた課題 (例：school, friend, family, hobby, etc.) に従って，5分間にわたり自由会話を行う活動である。これは学習指導要領にある実践的なコミュニケーション能力を育成することを目的とし，I県において全中学校が参加する大会形式を取って行われている。参加者は中学2年生と3年生で，各校代表2名ずつ。夏休み前の郡市大会を始めとして，夏休み中の地区大会および県大会の3大会が実施されている。下位大会における課題は，school, friend, family の3つに限定されており，上位大会の課題は教科書の太字の単語からランダムに出題される。会話を行うグループのメンバーは抽選で決められ，課題は会話の数分前に与えられる。5分間の会話を始める前には，3人それぞれが，与えられた課題に関係した自己紹介を30秒以内で行う。これにより，自己紹介で時間を取られることなく自由会話に入ることができる。評価することには賛否両論があるものの，大会という形式上，日本人と英語母語話者の2人が事前に与えられた基準に従って評価を行っている。

　各学校ではこの大会を念頭に置き，入学時より意識してグループ活動を取り入れ，1年生および2年生終了時に年度末評価を兼ねて，学級内あるいは

学年内でミニ・フォーラムを開催する。新学年の2年生・3年生になった時点で，この活動に興味のある生徒とミニ・フォーラムで伸びが期待される生徒に呼びかけて練習を開始する。練習は自己紹介から始め，徐々に趣味や家族，部活動など会話の内容を増やしていく。その際，作文をして暗記をするという作業は行わず，少しずつ会話の内容をふくらませていくようにする。英語部が存在しない限り他の部活動との両立になるため，昼休みや放課後の部活動練習開始前20〜30分，週に2〜3回程度が練習時間になる。練習の際も2〜4人のグループ活動を基本とするのは，相手の話を聞いて反応したり，他のメンバーの表現をお互いに参考にしたりすることができるからである。この練習においては，ＡＬＴの協力を最大限に仰ぐこととなる。

参加するために練習を重ねた生徒の会話力の向上には目を見張るものがある。彼らは必ずしも成績が上位の生徒というわけではなく，ライティングの練習をするわけでもなく，皆，会話を楽しんでいるのだが，通常の筆記テストや英検の結果などでも目覚ましい伸びがみられる。会話内容の分析の結果，上位の生徒ほど与えられたトピックに沿った話を長く続けられることが分かった（Negishi, 2004）。数多くの文法エラーが見られるものの，限られた語彙・文法能力でも十分に会話が成立している例だ。以下は会話スクリプトの一部である。

```
A: Sorry, ⌈so you said, mm, you are very useful.=
C:       ⌊Yeah.                                =Yes.
A: So you did, ah, you do a homework. ⌈So are you smart?=
B:                                    │Hh... hahaha.
C:                                    ⌊Yeah.        = Mmm, uh... I,
   I'm not smart, I think, ((B:nod)) but, mm, I like studying ((B:nod)) very
   much.
A: Yeah, me, too. ((C:nod))  So I like English the best. ((B:nod))
C: Oh.
```

A: Because I can speak, uh, I can talk with them, talk ((B:nod)) with you.
C: ⌈ Yeah, I think so.
B: │ If...
A: ⌊ Do you like English?
B: Yes, because if we can speak English well, uh, ⌈ we can talk all over ⌈ the
C: ⌊ Yeah.   │
A: ⌊ Yeah.
B: world people. ((nod))
C: Yeah! English is spoken in many countries.

すべての生徒にこの機会を与える環境づくりができれば理想的だ。

4. 聞くこと・話すことの基礎を養うための実践例

　上述した通り，中学1年生の初期から英語で英語を導入することが重要である。第1言語のように自然に習得するわけではないので，演繹的な文法指導も必要である。しかし，形式だけにとらわれないようにし，この時期に聞くこと・話すことの基礎をきちんと身に付けることが肝要だ。これからの中学生は，小学校でごく初歩的な英語を聞いたり話したりする訓練を重ねてから中学校へ入学してくる。こうして培われた基礎的な能力を最大限に伸ばすことができるよう，小中の連携を視野に入れる必要がある。

　まず英語を聞き，次に耳で聞いたものを口に出す。発音しながらの練習は，話すことへの第一歩である。その際に，明瞭で適切な音量で話すこと，大切なことを強調して話すことを身につけられるようにする。リズムが音節型（syllable-timed）の日本語[3]と異なり，英語は強勢型（stress-timed）の言語である。単調にならないように，そしてリズムを大切にして話せるように練習に取り組むことが大切だ。中学校，特にその初期において，教科書には数多くの対話文

---
3) 日本語をモーラ型（mora-timed）に分類する研究者もいる。

やスキットが載っている。これらの教材に取り組む際には感情表現も含めて読めるようにする。はじめに教科書の対話ありきではなく，あくまでも実際の会話があって，それが文字になっていると考えるべきである。中学校段階では声に出して読むことは大いに練習になる。恥ずかしがらずに抑揚を付け，感情を込めて英語を読み上げられるようになるかどうかは，そのモデルとなるＪＴＥやＡＬＴの力量によるところが大きい。

　声に出して読むことを第一段階として，次には自分の身近な出来事や話題について話すようにすることが必要だ。例えば，中学１年生では自己紹介を中心に自分の好きなこと・家族のこと・学校や友達のことなどを現在形を使用して話せるようにする。中学２年生では過去形を使用して身近な出来事を話したり，相手について色々な質問をしたりできるようになることを目指す。中学３年生では現在完了形を用いて経験や継続的なことを含めて，話の内容をさらに膨らませたり，自分の意見を述べたりすることができるようにする。１年生の時から段階的に話す訓練をしていかないとなかなか話せるようにはならないが，何もない状態で話すように促しても難しい場合は，下記のような教材を用意するのも助けとなる。

実践事例8　インタビュー・カードの活用：例えば中学１年生だったら，自己紹介に使えるひな形を多数用意しておく。また，質問文は作るのが難しいので，インタビュー・カードと称する質問集も用意しておくと便利である。前述実践事例5のパスポートの中に印刷したものを綴じておくと便利である。会話をスムーズに進めたり発展させたりするためには，ことばによらない方略（non-verbal strategies）も必要である。ジェスチャー（gesture）やあいづち（back-channeling）などが有効に使えるように，ジェスチャー集やあいづち集も作って渡しておくと役に立つ。ただし，これらは自然に使うことが大切であるので会話の際に見ながら使うことは避ける。１日に数個ずつ身につけて使えるようにするとよいだろう。

5. 読むこと・書くことの基礎を養うための実践例

　最重要目標である実践的コミュニケーション能力の育成の中でも，とりわけ聞くこと・話すことが強調されているが，読むこと・書くこともコミュニケーションの1つであり，おろそかにはできない。

　ある程度の基礎ができてくると，教科書にも物語や説明文などが載るようになる。ここで必要なのは，その概要や重要な部分を読みとることである。上述のように，英語を英語で教えるということを入門期からずっと行っていると，自然に重要な部分を捉える力がついてきている。

実践事例9　オーセンティックな読みの活動：指導要領に「伝言や手紙を理解する」という項目があるが，これは読むことの中でも最も本物の（authentic）教材の1つであろう。従って，教科書に載っている教材だけでなく，メモ・電子メール・携帯メールなどの自分たちの日常や身の回りにあるものを利用して，生徒の興味のわく教材を創り出すことが可能である。BTW = by the way, ASAP = as soon as possible, ＣＵ４Ｔ＠５ = See you for tea at five. などはその一例である。

実践事例10　電子メールのやり取り：書くこととして「自分のことを積極的に表現する」という項目がある。バーチャルな世界で英語を書こうと生徒に言うよりも，相手を見つけてあげることによって生徒の書く意欲も増す。ＡＬＴの故郷の小・中学校に連絡を取ってもらい，電子メールのやり取りをしてみよう。事前準備が大変ではあるものの，1対1で相手を決めてやり取りをすると，目に見えて生徒の意欲が上がる。ＡＬＴはこのような提案を比較的快く引き受けてくれるものだ。他に，ＡＬＴの実家の家族宛に手紙・電子メールを書くという方法もある。クラスに対して1通の返事くらいなら，みな喜んで書いてくれる。それも不可能な場合は，「ＡＬＴに手紙を出そう」という課題を出すことも可能だ。このようにして，ライティング課題を少しずつ積み重ねていき，中学3年生では「物語文を書く」といった課題に挑戦する。

実践事例11　物語文の制作：中学3年生が最後のライティング課題として，自

分の好きなテーマで物語文を書く。コンピュータを継続的に使用してきたクラスなら，ワープロを用いて3時間の授業時間内で出来上がるだろう。コンピュータがネットワークでつながっていて，教師のコンピュータから生徒のコンピュータに入り込める形になっているなら，少しずつ添削をすることもできる。ＡＬＴがいればその作業を行ってもらい，ＪＴＥが机間指導に廻ることが理想である。

　ここでも，英語で考えるというこれまでの基礎が役に立つ。英訳・日本語訳に頼ってきた生徒にはまず日本語の文章が浮かんでしまうので，それを英語に翻訳するのは困難だ。日本語の文章力と英語の文章力の差が大きいからである。知らない単語もなるべく辞書は引かず，言い換えて書くようにする。完成した物語は文集にしてお互いに読み合うため，辞書に載っている難しい単語を使うと，他の生徒が理解できないからだ（例：獣医 veterinarian ではなく，animal doctor と書くなど）。

6. コンピュータや情報通信ネットワーク利用の能力を身につけるための実践例

　ここ十数年のコンピュータの発達には目を見張るものがある。これからの国際社会におけるコンピュータ・リテラシーは必須である。これからの世界を担う子どもたちには是非ともコンピュータを使いこなせる人間になって欲しい。たとえ小学校でかなりコンピュータに慣れた状態で中学校に入学して来たとしても，英語のタイピングを経験している生徒はほとんどいないであろう。アルファベットが身に付いたら，タイピングの初歩を身につけられるようにする。

実践事例12　タイピングの初歩：現在，どこの学校でもコンピュータ教室には40台のコンピュータが置かれ，タイピング用ソフトウェアがインストールされていることと思う。万一，それがなくとも無料の「もぐらたたき」のようなタイピング練習用ソフトウェアもある。楽しく遊びながらできるものを利用して練習するようにするとよい。ごく初歩の段階では，キーボードを紙

に印刷し，教室の机の上に置き，ホームポジションや Shift, Space, Delete, Back Space, 記号キーなどを練習してからコンピュータ室を利用してもよい。1か月や2か月といった期間を決めて，昼休みや夏休みの部活動後のコンピュータ室開放が行えるとなおよい。そして，あらかじめ設定した日にタイピング・コンテストを行う。これがあると生徒の目的意識が高まるので習得が早い。

実践事例13　情報通信ネットワークの利用：情報通信ネットワーク利用の実践事例としては，Web サイトの利用と電子メールのやり取りがある。英語で書かれたウェブ上の英語の利用は中学生には難しいので，中学生に分かりやすいようなものを教師側が事前に探しておく必要がある（p. 105 実践事例1参照）。

　上記実践事例10にもあるように，電子メールのやり取りは生徒の書く力・読む力を伸ばす原動力となる。英語初心者の中学生では難しい内容の文は書けないが，この活動を行った後は，自己紹介文程度ならスラスラと書けるようになっているはずである。

「教科書を終わらせるのに精一杯だ」「忙しくてこんな余分なことをしている暇がない」「こんなことをしているくらいなら，受験問題を1題でも多く解いた方が力がつく」と思われる教師の方々もおられると思う。確かに大変な部分はあるが，生徒が楽しく英語に取り組んでいる姿は教師にとっても励みとなるのではないだろうか。また，このような活動をした生徒は，筆記テストでも高得点を取っていたことを付け加えておきたい（県の統一テストで，県平均よりも8点～17点上回っていた）。

III. 中学英語における can-do リスト

　各学校ごとに年間指導計画が作成されていることとは思うが，ここでは，高等学校の英語教育につなげていくことを視野に入れた can-do リストの一例を提示する。

　　中　学　1　年

(1)身近な話題について会話を1分間程度続けることができる。
(2)500語程度の単語を使うことができる。
(3)25語程度のまとまった英文を書くことができる。
(4)簡単な英文を聞いて大まかな内容を理解することができる。
(5)簡単な英文を読んで理解することができる。
(6)情報を正しく伝えることができる。
(7)英語の正しいリズムで音読することができる。
(8)初級英和辞典を使って調べることができる。
(9)実用英語技能検定5級取得。

　　中　学　2　年

(1)身近な話題について会話を2分間程度続けることができる。
(2)700語程度の単語を使うことができる。
(3)40語程度のまとまった英文を書くことができる。
(4)まとまった英文を聞いて具体的な内容を理解することができる。
(5)まとまった英文を読んで理解することができる。
(6)意見や感想を述べることができる。
(7)個々の音や音の結びつきに注意して音読することができる。
(8)初級英和辞典を使って調べ，その内容を活用することができる。
(9)実用英語技能検定4級取得。

中学 3 年

(1)身近な話題について意見を述べながら会話を3分間程度続けることができる。
(2)1000語程度の単語を使うことができる。
(3)60語程度の複数段落のまとまった英文を書くことができる。
(4)ある一定のスピードの英語を聞いて理解することができる。
(5)まとまった英文を適切なスピードで読んで理解することができる。
(6)簡単なディスカッションで意見や感想を述べることができる。
(7)相手の言っているポイントをメモすることができる。
(8)感情を込めて音読することができる。
(9)学習英和辞典を使って調べることができる。
(10)実用英語技能検定3級取得。

参 考 文 献

- 文部省（1999）.『中学校学習指導要領（平成10年12月）解説－総則編－』東京書籍
- 文部省（1999）.『中学校学習指導要領（平成10年12月）解説－外国語編－』東京書籍
- 文部省（2000）.「児童生徒の学習と教育課程の実施状況の評価の在り方について」教育課程審議会答申　http://www.mext.go.jp/b_menu/houdou/12/12/001211.htm
- 山内進編（2003）.『言語教育学入門－応用言語学を言語教育に活かす－』大修館書店
- Negishi, J. (2004). "Strategic and Discourse Competence of Japanese Junior High School Students" *Proceedings of the 8th Conference of Pan-Pacific Association of Applied Linguistics.* pp. 317-329

　3人の中学生が5分間にわたり、与えられたトピックにしたがって自由会話をした内容を分析したもの。

第3章

大学教育へつなげる高等学校英語教育

I. 高校英語教育の目標

1. 学習指導要領における目標

平成15年4月から高等学校で施行されている学習指導要領(平成11年改訂)では,外国語科の目標が次のように定められている。

> 外国語を通じて,言語や文化に対する理解を深め,積極的にコミュニケーションを図ろうとする態度の育成を図り,情報や相手の意向などを理解したり自分の考えなどを表現したりする実践的コミュニケーション能力を養う。

平成元年に改訂された学習指導要領から英語によるコミュニケーション能力の育成が前面に打ち出された。さらに平成11年の改訂で「実践的」という言葉が加わり,生徒が実際に英語を用いてコミュニケーションを図る態度の育成がより一層強く求められるようになり,教科書もこの趣旨に従って新たに作成

された。そして，従来の文法シラバスをもとにした指導から，言語の「使用場面」と「働き」を有機的に結びつけることによって活動をより実践的なものにするよう記されている。

科目の改編も行われ，以下のような編成になった。

- 外国語科の科目編成，（　）内は標準単位数
  オーラル・コミュニケーションⅠ（2），オーラル・コミュニケーションⅡ（4），英語Ⅰ（3），英語Ⅱ（4），リーディング（4），ライティング（4）
- 英語科の科目編成
  総合英語，英語理解，英語表現，異文化理解，生活英語，時事英語，コンピュータ・LL演習

従来のオーラル・コミュニケーション関連3科目（A・B・C）がⅠ（2単位）とⅡ（4単位）の2科目となり，「オーラル・コミュニケーションⅠ」及び「英語Ⅰ」のいずれか一方を履修することが条件となった。また，時代の要請を受け，コンピュータやLLを活用して英語の総合運用能力の向上を図る科目も用意され，大学教育，あるいは社会へとつなぐ高校での指導が求められている。中学校での指導が「聞くこと」「話すこと」を中心にしているのに対して，高校では4技能のバランスのとれた指導を行う必要がある。この4技能を土台にして大学での専門分野の研究につなげるためには，英語で読んで考え，英語によるレポートを書き，英語で専門的な内容についてプレゼンテーションを行うための基礎的なトレーニングが求められる。

学習指導要領では言語材料の扱いについて，音声，語彙，文法あるいは非言語手段などの指導について触れられている。特に語彙に関しては極めて限られた語数を提示されているため，これらを実際に活用できる語彙（active vocabulary）として確実に定着させるとともに，それ以外に生徒が学習活動で触れる語彙についても理解可能な語彙（passive vocabulary）として指導することが，大学進学後に必要となる専門用語に対しての対策にもなる。学習指導要領によると中学校では900語程度の単語を学習するが，「英語Ⅰ」ではこれに400語

を加えた1300語程度,「リーディング」でも2200語程度[1]と定められている。このため,教科書を授業の軸としながらも,生徒の興味関心にあわせて発展的な学習や実際にコミュニケーション活動に従事する過程において,様々な言語材料を習得させる指導が教師に求められている。

　学習指導要領ではコミュニケーション能力の育成が指導の柱になってはいるものの,高校で実際に行われている英語の授業は,地域や学校,あるいは担当する教師によってまちまちであるのが現状である。1987年に文部省・外務省・自治省が開始した外国青年招致事業 (Japan Exchange and Teaching Program : JET Program) による外国人教師とのティーム・ティーチングの普及や,2003年に文部科学省が策定した「『英語が使える日本人』の育成のための行動計画」によって,日本の英語教育が従来の文法訳読法からコミュニケーション重視の教授法へと転換していることは事実であるが,まだ十分な状況とはいえない。大学入試があるために指導形態を変えられないという声も耳にするが,大学入試問題も従来の英文和訳や文法の知識を問う問題が減り,実際にコミュニケーションを行うことが可能な英語力があるかを試す問題が中心となっている。このような理由からも,高校の授業のあり方を改善し,生徒が英語を使うことができるためのコミュニケーション能力の育成を目指して,高校の英語授業の再構築を図らなければならない。

2. 大学を視野に入れた高校英語教育

コミュニケーション活動を中心とした授業：これまでの英語教育が十分に成果をあげてこられなかったという声を耳にする。その主な理由は英語学習が文法の知識や単語の暗記に偏り,特に高校での授業が文法訳読法に頼りすぎた結果,英語を言葉として運用する訓練が行われていなかったことにある。授業中の活動におけるインプットからアウトプット[2]への過程を構築し,得た知

---

1) 2200語程度とは,「英語Ⅰ」で学習する1300語程度に900語程度の新語を加えた数を示す。

識を活用できるようにするため，学習事項の定着を図るためのドリルから，コミュニケーションを体験する言語活動への流れを授業に取り入れることが極めて大切である。このことに関して次の3点に留意した指導を提案する。

❶生徒の意識を言語形式から意味伝達へ＝英語を学習の目的から手段へ：文法訳読法によって文章を解読していく授業では，英文の分析と日本語訳への置き換え作業に重点が置かれるために，英文の言語形式だけに学習者の注意が向く傾向にある。その結果，一つの課全体を日本語に置き換えたにもかかわらず，英文の概要を把握していなかったり，英語はおろか，日本語でさえも要約文を作成することができない例が多く見られる。これは英語自体の学習のために英文を利用しているに過ぎず，英語を意味伝達の手段として活用できていないことになる。そこで，学習者の注意をトピックや内容に向けることによって，英語を手段として使う楽しみを知り，言語知識の定着を図ることができるようになる。すなわち，内容を知りたいと思って読むことは，ポイントを押さえながら読む訓練になると共に，理解できない原因になっている障害を取り除くことを目的に単語を調べ，文法の知識を活用することになるため，自分の知識の欠如に気付き，新しい知識を吸収していくことになる。そして，その後に行われる理解を前提とした音読の繰り返しにより，言語材料の吸収が可能になる。

❷限定された活動から創造的な活動へ：教室内で教員がコントロールする活動は，どうしても一定の枠組みの中で行われることが多い。ペアになった2人の学習者に異なった情報を与えてコミュニケーションを行うインフォメーション・ギャップなどは，一見生きたコミュニケーションを行っているように感じられるが，すでに用意された答えの中で活動が行われているために，限定された活動の域を超えることはできない。もちろん知識を定着させるために，このような基礎訓練的な言語活動は必要である。しかし，この段階で終わることなく，それぞれの生徒が自らを表現する創造的な活動へと発展させることによって，英語で表現したいという気持ちを促し，より実践的な英語の活用場面を与えることが

---

2) 目標言語で話したり書いたりして言葉を産出すること。

可能になる。この段階までに身につけた知識を最大限に活用しながら，生徒の興味関心を喚起したり，他教科との連携も図りながら，高校生の知的レベルにあった活動を行う機会を設けたい。

さらに，通常の授業内容に加えて，学期や年度単位でプロジェクトとしての活動を取り入れ，生徒たちが英語学習の成果を形として発表できるようにすることも効果的である。スピーチやディベート，創作スキットなど学習段階に応じて自由度の高い活動を行いたい。

❸擬似コミュニケーションから本物のコミュニケーションへ：教室の中で行うコミュニケーション活動は，さまざまな制約から意図的に演出された活動であることが多い。ロール・プレイでは，仮定された場面設定の中で役割を演じることになる。しかし，時には本物のコミュニケーションの場を教室の外に求めてみることも，学習効果を高めることになる。その一つの手段として，マルチメディアの利用によって，教室の外に目を向けていく方法がある。設備が許せばテレビ会議システムを活用できる。しかし，日常的なコンピュータの機能を使うだけでも，十分に本物の生きたコミュニケーションが可能になる。情報収集の目的でインターネットを活用しながら生きた英文に多く触れたり，電子メールを使って海外の人々と情報交換や意見交換のコミュニケーションを図ることも，多くの高校で実践されている。「伝わった」「自分の英語が機能した」という実感は何よりの自信になる。

大学教育への橋渡しとしてのプレゼンテーション能力：大学への橋渡しとしての高校英語教育を考えた場合に2つの側面がある。一つは大学入試に合格するための英語力，もう一つは大学入学後に専門分野で活用できる英語力の育成である。これまでは前者に重点をおいた指導に偏ってきたために，高校での英語学習が大学での教育に十分に役に立っていないという批判が出ているのが現状である。大学入試科目から英語をはずし，大学入学後に英語教育をやり直すという議論が社会をにぎわせたのもこのためである。

では，大学入学後に使える英語力を育成するためには何をすればよいだろうか。具体的にはこれまで述べてきたように，言語知識を定着させるための基礎

訓練と，それを実際に使えるレベルまで引き上げるコミュニケーション活動の充実である。さらにもう一歩進めて，リサーチとプレゼンテーションを行う練習を高校時代から取り入れることで，生徒自身がより目的意識を持って英語学習に取り組むことができるようになる。リサーチに関しては，インターネットや電子メールといったツールを，英語を用いて活用することであり，プレゼンテーション能力はワープロを使って英文を作成したり，英語によるオーラル・プレゼンテーションを行ってみることである。こうした授業は英語科を持つ高校を中心に実践されており，大学での学習にも大変役に立ったという卒業生が多くいることから，その効果がうかがえる。同時に，こうした指導を受けた生徒たちは，コミュニケーション能力を伸ばしながら，大学入試においても力を発揮している場合が多い。ある公立高校のデータによれば，いわゆる受験勉強と称して問題演習等を中心に学習を進めた生徒に比べ，大学入試センター試験の英語問題（200点満点）において，平均点が30点以上も上回っていたことが報告されている。

3. 到達目標の設定

どの教員も授業を行う際に到達目標を定め，その目標に沿って指導計画を作成している。そして，その到達目標の設定の仕方がその後の指導を左右するのはもちろんのこと，生徒の英語力に大きな影響を及ぼすことになる。しかし，この目標設定を進度に読み替えて「今年の目標は教科書1冊を終えること」とか「期末考査までに5課まで終わらせる」という，指導内容を無視した目標設定をしている場合が皆無とは言いがたい。また，学習指導要領の目標をそのまま用いて「実践的コミュニケーション能力を養う」では，指導する教師と学習する生徒の双方にとって，具体的なイメージを持つことが極めて難しい。このため，具体的な到達目標を明文化し，両者が共有しながらその目標を達成していくことが極めて大切になる。特に，年度当初に生徒に配布するシラバスに目標を提示し，さらに1年後にできるようになる具体的なコミュニケーション活

動例を提示することによって，動機づけを図るようにしたいものである。あるいは，本章の最後に示すような can-do リストで細かくチェック項目を提示することも効果的である。

このように，高校を卒業して大学に進学する際に身につけてもらいたい英語力を具体化したうえで，1年単位の長期的な目標と学期単位の中期的な目標を生徒に示し，段階を追って目指すレベルを理解させることが大切である。

❶長期的目標の提示：年度当初に「1年後には…ができるようになる（…しよう）」という具体的な到達目標を提示することである。Can-do リスト等を用いて言葉で表現することも可能であるが，それ以上に生徒に強烈な印象を与え，具体的なイメージを抱かせる提示方法がある。それは，実際に同じ授業を前年度に1年間受けた先輩たちの学習成果を提示し，1年後の自分の姿を想像させることである。例えば，「年度末に堂々と人前でスピーチすることができるようになる」という目標設定があれば，前年度に数名の生徒のスピーチをビデオに録画しておき，年度当初にスクリーンを見ながらリスナーとして聞いてみることである。もし物理的に可能であれば，数週間前までその授業を受けていた卒業生を教室に招き，実際にスピーチをやってもらうことも考えられる。この場合には，学習方法に関するアドバイスも直接聞けるため，生徒の学習意欲が高まる。あるいは英語によるディベートができるような力をつけるためには，前年度のディベートの試合のビデオを見せる。また，内容のある英文エッセイを書けるようになることを目標にした場合には，前年度の数名の作品を読ませることでイメージが具体化する。

❷中期的目標の提示：上記の長期的目標を達成させるための段階的目標を学期ごとに設定したのが中期的目標である。「今学期末には…しよう」という，より具体的な目標の提示である。「自信を持って教科書本文を音読できるようになろう」という日常的な目標や「アイコンタクトを大切にスピーチを行ってみよう」という具体的項目を提示してもよい。そして，必要に応じてさらに下位に位置する単元ごとの目標を示していけば，生徒にとっても，段階ごとの達成目標が見えてくる。

図1 段階に応じた到達目標の設定と指導計画

3年間の到達目標（どのような生徒を育てたいか）

↓

各学年の到達目標（学年に応じた長期的な目標設定）

↓

各学期の到達目標（学期ごとの中期的な目標設定）

↓

各単元や各活動の指導計画（目標達成のための単元ごとの指導計画）

↓

1時間ごとの授業計画（毎日の授業計画・指導案）

II. 高校における英語授業の実践事例

　以下，実際に高校の英語の授業で実施され，大学教育への橋渡しの役割を果たす実践事例を紹介していくこととする。

実践事例1「**学習段階に合わせた英語ディベート大会の設定**」＜4技能＞：社会問題などを扱いながら英語の発想に慣れ，論理的に考える力と英語の自己表現能力を養うための有効な指導手段に，英語によるディベートがある。高校の英語の授業で取り上げるディベートは，大学の英語サークルで行われている競技ディベート[3]とは異なり，生徒の学習段階に合わせた英語力育成の手段としてのディベートである。試合を前提として準備を進める過程で，様々な英文資料を読んで情報収集を行い，集めた情報を整理して自分たちの意見を英文原稿として作成する。試合中には相手の意見を正確に聞き取った上で，自分たちの考えを論理的にまとめて話すことが義務付けられる。つまり，ディ

3）一定のルールに従い，リサーチにもとづいて行うトーナメント方式のディベートのこと。

ベートを行うためには,「聞く・話す・読む・書く」という4技能すべてが必要となり,コミュニケーションの手段として英語を最大限に活用することになる。

　年度当初から本格的なディベートを行うわけではなく,学習段階に応じた指導を行い,試合のフォーマット[4]も生徒の英語力に合わせて柔軟に変化させることが必要である。その際,年度当初に生徒に提示するシラバスにおいて,時期にあわせた到達目標をディベート大会の設定という形で提示することが可能である。以下のように対戦相手のグレードを上げていくことにより,年間を通した目標設定を行うことが可能になる。

　以下は,埼玉県立伊奈学園総合高等学校で毎年行っているディベート大会の実施状況である。これは,運動系の部活動で通常行っている,基本練習から部内戦,練習試合を経て公式試合をむかえるのと同様の指導の流れである。

（1）クラス内及び他クラスとの練習試合（5月）－ペア・ディベート

　初期段階ではクラスメートとリラックスした雰囲気の中で意見交換に慣れるため,2人1組のペアによる活動を行なう。ジャッジをつけて勝敗を決めることはぜずに,多くの回数をこなすことによってレベルアップを図ることを目標とする。2つのクラスによる合同授業を設定し,クラス対抗の形で一斉にペア・ディベートを行うことも効果的である。この段階でもジャッジをつけて勝敗を決めることはぜずに,反論できずに一定時間沈黙をしたり,うっかり日本語を話してしまったら負けというように,簡単なルールに従って行うだけでも,生徒は意欲的に取り組むものである。個人レベルの試合ではあるが,自分の表現力のなさを痛感し,次の学習に向けての動機づけを図ることを目的としたい。

（2）学園祭でのディベート大会（9月）－簡易ディベート

　多くの人の前で意見を堂々と発表する態度を身につけ,説得力のあるスピーチを行えるようになるために,観客がいるディベート大会の設定が有効であ

---

[4] 試合を進行するための形式

る。大会を設定する機会は多くあるが，多くの来客が見込まれる学園祭での発表であれば，授業における学習の成果を発表するという点からも意義深い。一定の形式に従って行なうディベートへ挑戦する最初の機会にもなるが，この場合でもその時点までの学習成果の発表という趣旨に沿って，あくまで授業で扱ったレベルでのフォーマットを用いるのが妥当である。

（3） 他の高校との練習試合（10月）－フォーマル・ディベート

近年，オーラル・コミュニケーションⅡをはじめとする科目で，英語によるディベートの指導を行う高校が増えてきている。事前に教員同士で共通のフォーマットとテーマを設定して授業を行うことにより，近隣の高校とのディベート大会を設定することも，生徒の学習意欲を喚起するという点で効果は大きい。部活動の練習試合と同様の効果を期待することが可能であるとともに，教員同士の英語指導に関する情報交換の場としても機能することになる。

（4） 大学生とのディベート対抗戦（11月）－フォーマル・ディベート

高校3年生でディベートを利用した授業を受けている生徒にとって，志望大学を訪問し，そこで学ぶ大学生とディベートの試合を行うことは進路指導の面からも大変有効である。伊奈学園総合高校では毎年，早稲田大学や麗澤大学の学生の胸を借り，よりハイレベルなディベートの試合に挑戦している。大学生と高校生が同時に参加する大会を開催するためには，数ヶ月前からの綿密な打ち合わせと大学側の先生方からの協力が不可欠である。しかし，大会当日の白熱した試合は，高校生にとってばかりではなく，大学生の英語学習の動機づけという点からも良い機会になっている。過去にこの大会に参加した高校生が，数年後には立場をかえ，大学生チームの一員となって大会を盛り上げてくれている姿は何とも頼もしいものである。

実践事例2 「英語の本を編集」＜ライティング＞：「ライティング」の授業で英文エッセイを書く場合，その作品の読者は授業を担当する英語教師であり，クラスメートに限定されるのがほとんどである。これは授業の課題としてエッセイを書き，英語力の向上だけを目指した英作文の活動に終わってしまう場合が多い。そこで特定の読者を想定したうえで，生徒が内容を分担して執筆

し、1冊の本を完成することによって、よりコミュニケーションを意識した活動にすることが可能である。この際、コンピュータで英文を作成することによって本の編集を容易に行うことができる。ここでは、「ライティング」1年間の授業成果を示す活動として、高校3年生を対象に行った実践例を紹介する。

　毎年新しく赴任するＡＬＴが毎日の生活で活用できるハンドブック"A Booklet of Useful Information for New ALTs"がその一例である。一人一人の生徒がＡＬＴの先生に提供したい話題を一項目ずつ担当して1ページ程度の原稿を執筆する。その結果、40人クラスでは40ページに及ぶ本が完成することになる。学校の教育課程や授業時間割、ＡＬＴが担当する英語授業の内容説明、昼食用弁当の注文方法、学校付近の買い物ガイドや電車の時刻表までも含めて内容は多岐にわたる。この本の作成には4時間ほどを費やした。

1時間目－項目立てと執筆分担決定（必要資料の収集は宿題）
2時間目－下書き原稿執筆（次回授業までにＡＬＴ及びＪＴＥが英文の誤りを添削し、コメントを記入しておく）
3時間目－原稿修正（完成原稿をファイルで提出し、目次に従って原稿をまとめていく）
4時間目－印刷、綴じ込み及び読み合わせ

　生徒は1年間の「ライティング」授業の成果として冊子を手にし、毎年新しく赴任するＡＬＴは、喜んでこの冊子を活用している。次年度以降も、続編として"A Booklet of Japanese Culture"、さらに"A Booklet of Typical Japanese Expressions"を作成し、3年間での3部作を新規ＡＬＴに渡し、活用してもらっている。

実践事例3「英字新聞に投稿－社会に発信」＜ライティング・リーディング＞：
生徒が自分の意見をまとめて、説得力のある英文を社会に向けて発信する活動を経験しておくことは、大学入学後に専門分野の研究成果を英語でまとめ

る際に大変役立つものである。不特定多数の読者を想定して英文にまとめる練習機会を設けるため，日本で発行されている英字新聞の読者欄に投稿することを目標として授業を実施した。新聞によっては年に数回，読者に投稿を求める案内を掲載しており，その機会を授業での活動として利用するために，紙面上の案内を印刷して配布した。この案内に従って生徒一人一人がコンピュータのワープロ機能を使って自分の意見を制限字数内で英文にまとめ，完成した原稿を電子メールの添付ファイルで新聞社に送信した。この際，授業を担当する教師も原稿を作成して投稿し，クラスの中で誰が採用されるかという競争心もかきたてることができる。実際に紙面に掲載されることは難しいが，投稿後の数日間は，登校途中に駅の売店で英字新聞を購入し，始業前に読んでいる生徒を目にすることになった。新聞掲載当日の授業では，実際に紙上に掲載された一般人の意見を読み取ることにより，内容・文体の両面において自分たちが書いた英文と比較し，説得力のある英文の書き方を学ぶことができる。

実践事例4 「英語で東京ディズニーランド」＜4技能＞：高校生が修学旅行や遠足で東京ディズニーランドをはじめとするテーマパークを訪れることが珍しくなくなったことを受け，その準備と英語学習を関連づけた授業の実践例である。東京ディズニーランドには外国人のために英語版パンフレットが用意されているが，これを手に入れて必要部分を生徒分コピーして教材として用いたり，あるいは教育目的で使用することをインフォメーションセンターで説明し，英語パンフレットを複数入手して教材にすると，生徒への動機づけの点からさらに効果的である。どのレベルの生徒であっても，事前に持ち合わせている背景知識を活用することができるため，パンフレットの英語に釘付けになる。ショーやアトラクションのスケジュールにあわせてグループごとに予定を作成するなどの課題を生徒に与え，実際に現地を訪れた際には英語版パンフレットを手に，自分たちが作成した英語の計画に従って行動することを勧める。また，留学生やＡＬＴが同行する場合には，アトラクションを英語で説明できるようにしておくことで，実際にコミュニケーションの

手段として英語を活用する機会になる。そして，ほとんどの大学生がプライベートで東京ディズニーランドを訪れた経験を持ち，また大学時代に海外旅行や留学をする者も多いことからも，海外のテーマパークなどを訪れる前の良い経験にもなるはずである。楽しみながら英語に触れることができ，応用がきく言語活動といえる。

実践事例 5　「テレビ会議－ハイレベルの議論に参加」＜リスニング，スピーキング＞：早稲田大学ではＣＣＤＬやサイバーレクチャーにおいてテレビ会議システムを活用した英語教育を実践し，大きな成果を挙げている。テレビ会議システムを利用することによって空間を越えたコミュニケーションの場が設定可能になることは，高校の授業においても同様である。近年，「総合的な学習の時間」に様々な国の人たちとの交流を可能にする手段として利用され始めているが，大学での実践と同様に，高校でも空間を越えての英語によるコミュニケーションを行う授業も十分に可能である。英語圏では時差の少ないオーストラリアの高校との交流や，同じく外国語として英語を学ぶ韓国の生徒との交流も可能であるが，国内の大学生と高校生が共同授業として，画面上で英語によるディスカッションやディベートを行うことも，高校生にとって大きな動機づけになり，その準備段階での活動も含めて効果が期待できる。

実践事例 6　「リサーチからプレゼンテーションへ」（4 技能）：英語専門科目である「異文化理解」における実践例である。授業の目的は日本文化を含めた様々な文化を知ることにあるが，そのために「読む・書く・聞く・話す」の4 技能をフルに活用し，英語を道具として使うことによって身につけることを目指した授業の展開である。異文化理解を扱った効果的な英語のスピーチを行うことを目標に，生徒各自が選んだテーマについて調べてまとめ，学期末のオーラル・プレゼンテーションに向けて個人学習を進める。学習段階としては次の 4 段階に分けることができる。

（1）　英語を手段として活用し情報収集
　　コンピュータを用いて各国の英語 Web サイトから情報収集を行う過程に

おいて，まとまった英文から必要な情報を短時間で読み取る速読練習を行うことができる。高校での「リーディング」の授業では精読練習が中心である状況を考えると，大学教育において必要不可欠なスキルである速読に直接つながる良い訓練の場になる。また，海外の高校生に電子メールで質問をする際に，英語を母語とする相手に理解してもらえる英文を書く努力をすることや，返事を読んでまとめる作業も，実社会で必要とされる英語のスキルといえる。電子メールを英語の授業に取り入れている実践例の多くが単なる自己紹介で終わっている状況からも，このように内容のあるコミュニケーションを海外の英語母語話者と行う意義は大きく，返事を受け取った時の生徒のうれしそうな笑顔は特に印象的である。

またデータを収集するに当たって，校内のＡＬＴや留学生，あるいは知人の外国人にインタビューを行うこともあるが，これも単なる英語の練習のための英会話とは異なり，情報のやり取りを目指した活動であることから会話に必然性が生まれ，内容的に深みのある会話を行うきっかけとなる。

（２） 発表原稿の作成，個別の添削指導

多くの資料を収集した後にスピーチ原稿を作成するにあたり，リサーチの内容やプレゼンテーションの方法等についての指導が必要になる。このため，通常の英作文の授業やオーラル・コミュニケーションでのスピーチ作成指導以上に，一人一人の生徒に個別の助言を与える機会を用意することになる。このことによって生徒の英語力を把握できるばかりでなく，一人一人の生徒とのコミュニケーションの機会が増え，生徒理解が増すことにもつながる。

（３） 内容に支えられたスピーチ

通常のスピーチ指導では，事前に設けられた制限時間に合わせ，生徒個人の体験や意見にもとづいてスピーチを作成することが多い。しかし，莫大な量の情報をもとに作成したスピーチでは，結果的に10分程度のスピーチになることもめずらしくない。すでに手元にある多くの情報を取捨選択しながら，それをどう表現するかを考えてまとめる訓練も，大学や社会へ出てからの英語を用いた活動に結びついていくものである。

(4) 英文レポートにまとめてクラスで輪読

　上記のスピーチで一連の活動を終了することも考えられるが，スピーチ原稿をもとに発表の要旨をまとめて英文にし，クラス内で輪読することも，ライティングやリーディングの活動として有効である。また，こうして作成された英文を授業の成果として一冊の本にまとめ，異文化理解についてのリサーチ報告書を作成することも，生徒にとっては励みになるものである。

III. 高校英語における can-do リスト

　高校での学習達成度は学校によりかなりのバラつきがあるために，生徒の実情にあったリストを作成する必要がある。ここでは，大学英語教育につなげていくことを視野に入れた can-do リストの一例を提示する。

高　校　1　年
(1) まとまりのある英語を聞いて，概要を理解するとともに適切に反応することができる。
(2) 日常生活の身近な話題について学習した表現をもとに，ペアで1分から2分程度会話を継続することができる。
(3) 作成した原稿をもとに，原稿を見ないで1分程度のスピーチを行うことができる。
(4) 身近な話題についてグループで意見交換をすることができる。
(5) まとまりのある英文を読んで，話の全体の流れをつかみ，読み落としてはならないポイントをとらえることができる。
(6) 聞いたり読んだりして得た情報や自分の考えなどを整理して，既習の文法知識を活用しながら英文を書くことができる。
(7) あいさつや自己紹介などについて英語で電子メールの交換をすることができる。
(8) 2000語程度の単語を理解し，1300語程度の単語を使うことができる。
(9) 英和辞典を使って調べ，その内容を活用することができる。

高校 2 年
(1)まとまりのある英語を聞いて内容を理解し，ポイントをまとめることができる。
(2)日常生活の身近な話題について自分の経験や意見を加えながら，ペアで 2 分から 3 分程度会話を継続することができる。
(3)アウトラインを示したメモをもとに，聞き手に訴えかける 1 分～ 2 分程度のスピーチを行うことができる。
(4)身近な話題についてチームになり，簡単なディベートを行うことができる。
(5)まとまりのある英文を読んで，必要な情報を得たり，話の概要や要点をまとめて日本語で要約することができる。
(6)英文パラグラフの構成や展開を理解し，聞いたり読んだりして得た情報や自分の考えなどを整理して，複数段落の英文を書くことができる。
(7)電子メールを使って海外の高校生と情報交換をすることができる。
(8)3000 語程度の単語を理解し，1800 語程度の単語を使うことができる。
(9)英和辞典と英英辞典を使って調べ，その内容を応用することができる。

高校 3 年
(1)通常の速さで話された物語やニュースを聞き，概要を把握することができる。
(2)時事的な話題について学習した語彙や表現をもとに，ペアで 3 分程度意見交換をすることができる。
(3)集めた資料やアウトラインのみを示したメモをもとに，プレゼンテーションソフト等を用いて 3 分程度のスピーチを行うことができる。
(4)時事的な話題についてディスカッションやディベートをすることができる。
(5)本や新聞，雑誌などの記事や，Web 上のまとまりのある英文などを情報を求めて速読し，ポイントを英語で要約することができる。
(6)聞いたり読んだりして得た情報や自分の考えなどを整理し，英文パラグラフの構成や展開にしたがって，場面に応じた英文を書くことができる。
(7)電子メールを使って，海外の高校生と意見交換をすることができる。
(8)4000 語程度の単語を理解し，2200 語程度の単語を使うことができる。
(9)英英辞典を日常的に活用することができる。

参 考 文 献

- 阿野幸一 (2001).「＜生徒と教師のための授業研究＞生徒自ら取り組む異文化理解学習」『英語教育8月号』大修館書店, pp. 34-36.
- 阿野幸一 (2002).「＜特集：明日からできる自己表現活動＞教室を越えた自己表現の場の設定」『英語教育10月号』大修館書店, pp. 30-32.
- 阿野幸一 (2003).「日本文化と異文化を比べてみよう－コンピュータを使ったリサーチと発表」『実践事例アイディア集 Vol.11』日本教育工学振興会, pp. 116-17.
- 文部省 (1999).『高等学校学習指導要領解説　外国語編　英語編』開隆堂出版

第4章

社会へつなげる大学英語教育

I. はじめに

1. 大学に求められる英語教育とは

　わが国では、世界のグローバル化にともない、国際的な場面での異文化対応能力および交渉力をともなった英語教育の重要性が日増しに高くなってきている。2002年の文部科学省による『「英語が使える日本人」の育成のための戦略構想』にも示されている通り、国家レベルにおいて、国際社会において英語を道具として活躍できる人材の育成が望まれている。これに応えるために、現在大学の英語教育において、実際に社会に出て使える英語能力を育成するということも重要課題のひとつとなっている。

　このような社会のニーズに応えるために、旧来の大教室における講義型の英語授業からコミュニケーション重視の少人数型の英語授業へと移行する傾向が見られる。しかしながら、大教室における英語授業の内容を小規模に切り替えるだけでは不十分である。大学英語教育における具体的な英語達成目標を明らかにし、その目標を達成することこそが重要である。また一方で、大教室にお

ける英語教育の欠点を補う手段として，コンピュータ，遠隔教育システムを使った英語授業も提案されつつある。

この章では，大学英語教育における具体的な教育目標を示すとともに，コミュニケーション重視の少人数型授業のモデルならびにコンピュータや遠隔教育システムを使った大教室における英語授業展開の仕方とその実例を紹介する。

2. 大学英語に要求される具体的英語能力の指針

大学における英語教育は，かつては教養としての英語という色合いが強かった。しかし現在は，グローバル化という社会の要請を受けた実用的な英語を教える傾向が次第に強くなってきている。また，大学が直面する問題として，学力の低下がある。従来高校までで学習されるべき事項が学習されていないという状況も垣間見える。また，大学教育本来の目的である学問を行い，あるいは教養を身につける上で，英語が必要とされる場合もある。

このような状況の中で大学の目指すべき指針とは，これらの問題すべてに解答を与えるものでなくてはならない。大学における英語教育の目標は，以下の3点に要約されよう。

❶基礎的英語力の養成
❷社会に通用する実践的英語力の養成
❸学問分野における実践的英語力の養成

それぞれの点について具体的に述べると，まず，❶「基礎的英語力の養成」とは，他の2点の基礎となるもので，一般的な英語の能力を養成することを指す。次に，❷「社会に通用する実践的英語力の養成」とは，社会に出た後のビジネスシーンにおける英語による

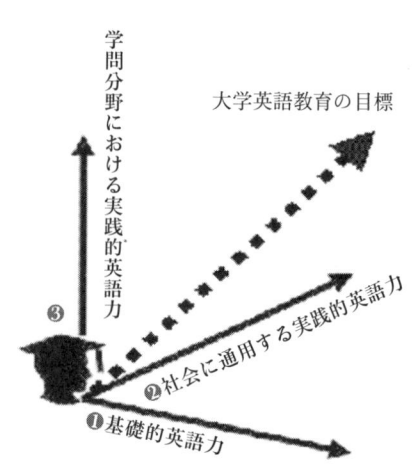

図1 大学英語教育の目標・3次元モデル

プレゼンテーション能力や交渉能力などの養成を指す。また，グローバル化にともない英語を母語としない者同士が英語を媒介として交渉を行うという状況も増えてきているので，互いの文化を尊重し，自国なまりの発音でも堂々と意見を述べることのできる人物を育てる必要もある。最後に，❸「学問分野における実践的英語力の養成」とは，自分の専門領域を英語を使って学んだり，最先端の学問における成果を英語を使って学ぶ能力を身につけさせることを意味する。

❶の要請を達成するためには，中高大の教育機関の連携が重要である。この点に関してはすでに，本書の第2部においての主要テーマとなっているため，ここで深く立ち入らない。❷，❸に関しては，ＩＴの発達や，遠隔教育システムの発達などにより様々な可能性が出てきている。以下の節では，実際にどのようなものを用いて，これら2つの養成を満たすような授業展開が可能であるのかを見ていく。

II. 遠隔教育システムを使った英語教育

1. 遠隔授業とは

一般的に，教授者が，地理的に離れている学習者に対して通信・放送メディアを使って行う遠隔教育（Distance Education）はよく知られている。遠隔授業とは，その遠隔教育を利用した学校における授業のことである。

岡田（2003）によれば，（広義の）遠隔授業は形態上3つに分類される。第一は，大学間やキャンパス間をインターネットで結ぶ（狭義の）遠隔授業である。第二は，学内で一人の教員がビデオ収録システム等を用いて講義を配信する「ローカルエリア型遠隔授業」で，これはさらに複数の教室に同時に授業を展開する「同時展開授業」と同じ授業を時間をずらして複数回配信する「反復展開授業」に分けられる。第三は，学生が都合のよいときに，コンピュータ上で受講する「オンデマンド授業」である（岡田 2003）。このローカルエリア型

遠隔授業は，Web上の学習コンテンツを用いて学習し，自律的な学習・反復学習ができることが特徴である，いわゆるeラーニング（e-learning）と同じ物だと考えてよい。

本書では，オンデマンド授業を広く捉え，ローカルエリア型遠隔授業も含めてオンデマンド授業と呼ぶこととし，このオンデマンド授業とは実際にはどのようなものであるか，さらにオンデマンド授業を活用した英語の授業展開の仕方，活用例について述べる。また，遠隔授業の例のひとつとして，サイバーレクチャーを取り上げ，サイバーレクチャーを使った実際の授業展開の仕方および実例について述べて行くことにする。

2. オンデマンド授業

オンデマンド授業とは：オンデマンド授業とは，講義を録画したものをデジタル化し，サーバーに保存したものをコンピュータ上で受講する授業である。オンデマンド授業の最大の利点は，受講の場所や時間の制約がなく，都合の良いときに受講ができ，かつ理解に合わせて何度でも繰り返して見ることができるという点である。そのため，通信教育の方法のひとつとして有効である。しかし，実際の授業で使用するということを考えると，何度でも繰り返して見る（受講する）ことが可能であるということは，一方で受講生の理解度の違いにより受講速度にばらつきが生じやすく，一斉に授業を同じ速度で進行するというのが難しくなるということである。長所を活かしながら，授業をいかにコントロールしていくかが，オンデマンド授業を行う際の最大の課題である。

授業展開：ここでは，どのように各生徒のオンデマンド受講速度をコントロールしながらオンデマンド授業を実際の授業にどう取り入れていくかについてみていく。まず，オンデマンド授業を作る場合は，15分くらいを目安にして，1つの講義をブロックに分け，トータルで60分くらいになるように作成するのがよいであろう。受講速度のコントロールに関しては，一斉にオンデマンド講義をみせて，1つのUnitにかかる時間に5分から10分足した時間を

目安に，見るのをやめさせる時間を決めておく。もちろん，机間巡視をすることにより，生徒の進み具合もチェックする必要がある。その後，そのUnitに関する確認や補足説明を行えばよい。

実例：早稲田大学におけるオンデマンド授業の展開

表1　オンデマンド科目の例

講　師	講　義　名	講　義　数
Rod Ellis	Task-based Language Learning and Teaching	8講義
Hugh Trappes-Lomax	Language in Use	8講義
Andrew Cohen	Speech Acts and Second Language	4講義
Andrew Cohen	Acquisition Assessment, Learning Style and Learning Strategies	10講義
Alan Davies	Current Issues in Applied Linguistics (II)	10講義

3.　サイバーレクチャー

サイバーレクチャーとは：サイバーレクチャーとは，インターネットやテレビ会議システムを使用して講義をしたり，受けたりするものである。サイバーレクチャーのしくみは，2点間，あるいは複数のテレビ会議システムを衛星回線，ＩＳＤＮ回線，ＩＰ接続を用いて繋げるものである。

では，実際に使用する際の利点と欠点について見ていこう。サイバーレクチャーの利点は，第一に，遠隔地（たとえば外国）にいる講師の授業をリアルタイムで日本にいながら受けることができるということが挙げられる。このことは，旅費などのコストを考えると，非常に経済的である。また，二つ目としては，さまざまな有名な教授の授業を，一ヶ所にいながらにして受けることができるということも挙げられる。これは，受講生がわざわざ留学をして講義を受けに

行く手間と費用がかからないということである。

　欠点としては，次のようなものが挙げられる。①接続の費用がかかる。（ただし，ＩＰ接続を用いると接続料は一般的には無料になる。）②時間的制約がある。（時差のある場所をつなぐ場合は，スケジュールの調整が難しい。）③情報伝達が回線状況に左右される。（回線の太さによって，映像，音声の質が変わってくる。）

　以上のような欠点が現在のところはあるにせよ，近い将来技術の進歩により改善されるだろう

　授 業 展 開：実際の授業展開は，普通の講義形式の授業とほぼ変わりはない。ただし，回線の関係による音声の質の低下による音声の聞き取りにくさや，画像の質の悪さなどによりスライド等が見にくい場合が問題となる。そのような場合のことを考えて，事前にハンドアウトを受講生に配るほうがよい。また，授業開始の数週間前にリーディングリストを参加者に提示しておき，事前に内容を示しておくことも有効である。

　ここでは，早稲田大学で行われているサイバーレクチャーを例にとり，どのようにサイバーレクチャーを進めて行くかについてのモデルを提示していく。授業の展開としては，90分の授業のうち，講義終了前の20分ほどを質疑応答の時間に当てるほうがよい。この質問時間が，講義中の音声の聞き取りにくさや画面の見にくさに起因する講義形式の理解の不足を補うことができ，参加者の理解を助けることができる

　サイバーレクチャーの実例：早稲田大学では現在までに応用言語学，英語教育，社会言語学，音響音声学，心理言語学等のサイバーレクチャーを協定している海外の大学と行ってきている。

第4章　社会へつなげる大学英語教育　　141

表2　早稲田大学におけるサイバーレクチャーの科目

講座名	講師	年度
Current Issues of Applied Linguistics	Prof. Alan Davies（エジンバラ大学）	2000-2002年
Language in Use	Prof. Hugh Trappes-Lomax（エジンバラ大学）	2000-2003年
Human Lights and Asian Values	Prof. Ian Neary（エッセクス大学）	2000年
Korean Studies of Applied Linguistics	Prof. Park Kyung-Ja 他（高麗大学）	2000年
Language, Culture and Education	Ms. Goh Chi Lan 他（RELC）	2000-2001年
Society and Popular Culture in Singapore	Dr. Ng Wai-ming（シンガポール国立大学）	2001年
Topics in Sociolinguistics	Prof. Tej K. Bhatia（シラキュース大学）	2001年
Psycholinguistics	Prof. Lise Menn（コロラド大学）	2001-2002年

III. 英語コミュニケーション能力の基礎

1. チュートリアル英語

はじめに：ここでは，異文化コミュニケーションを実践するために必要な基礎的英語力養成を目的とした，少人数授業であるチュートリアル英語について説明する。チュートリアル英語の特徴は，議論のできる英語力，特にスピーキング能力の向上を目的に徹底した少人数教育を行う点にある。学生4人にチューター（講師）1人のレッスンが週2コマ，10週間，合計20回実施される。General コースと Business コースがあり，それぞれ初級，中級，上級

とレベル分けがなされている。チューター（講師）は，英語母語話者と海外での研究・生活経験が豊富な日本人である。また，通常の「チュートリアル英語」の他に，Writing Tutorial English, Debate English Tutorial, アデレード大学（オーストラリア）とテレビ会議で行われる Tele-Tutorial English といった科目もある。

　双方向コミュニケーションの手段としての語学学習の基礎を固めるためには，少人数での会話訓練が必要である。英語による講義型の授業では，個々の学生が発言する機会が比較的少ないために発話訓練は見込めず，一方ゼミナール形式の授業は議論を通じた知識の共有と深化が目的であり，会話訓練とは性質を異にしている。ここでは少人数英語会話能力訓練の実際例として，早稲田大学におけるチュートリアル英語を紹介する。特に，学生の英語運用能力に関してどのような目標を設定し，そしてどのような観点から学生の達成度を評価しているかについて述べる。

　目　　標：学生は単に英語を話すだけではなく，英語を話すことによって何らかの目標を達成するよう促される。つまり，英語に関する知識の習得のみを学習目標とするのではなく，英語を手段として使う訓練を通じ，学生の英語コミュニケーション能力を高めることが学習目標として設定されている。学生は「英語学習とはネイティブスピーカーの模倣ではなく，英語を使えるようになる訓練である」と理解しなければならない。

　このコースは General Course と Business Course に大別される。General Course では一般的な英語コミュニケーション能力を，Business Course ではビジネスに必要な英語コミュニケーション能力を学ぶ。各コースには学習目標が設定されている。一つのコースの各レッスンで，この学習目標を達成するための様々な活動を行う。各コース全体の学習目標は以下の通りである。

表3　各コース全体の学習目標

General	初級	海外での日常生活に必要な基本的口語表現力を身につける
	中級	日常生活で起こる多少複雑な状況にも対応できる対話能力を身につける
	上級	今日的な課題について多角的に検討し，本格的に議論できる力を養う
Business	初級	様々な職業で仕事に英語を使う場合に，最低必要とされる実際的なスキルを身につける
	中級	サヴァイバル英語のレベルから脱出し，国際的な職場環境で英語をコミュニケーション・ツールとして使いこなすことを目指す。
	上級	グローバル社会において英語で仕事をしていくための問題解決能力，プレゼンテーション能力などのより高度な英語運用能力の習得を目指す。

　コース全体の学習目標を効率よく達成するために，チュートリアル英語では各レッスン毎に can-do リストを設定している。これは，学生が英語を使ってできるようになるべき様々なコミュニケーション技術を，各レッスンの学習目標としてリストにしたものである。チュートリアル英語の can-do リストは，Common European Framework of Reference for Languages; Learning, teaching, assessment[1] を参考にして作成されている。これは，言語教育シラバス，カリキュラム評価方法，テキストブック作成などに対するヨーロッパ各国共通の基盤として開発された。この枠組みは，言語学習者が目標言語をコミュニケーションのツールとして利用するためには何を学ばなければならないか，そして目標言語を使って効果的に行動するためにはどのような知識や技術を発達させなければならないか，について包括的に記述している。さらに，各学習段階における言語運用能力レベルを定義付けしているため，学習者の各学習段階での熟達度を測ることができる。

　この学習目標はチュートリアル英語用の教科書に明示されているため，学生は各レッスンでの活動において何が目標となっているかを事前に確認することができる。一方，チューターはこの can-do リストに則り，各レッスン終了後

---

[1] http://www.culture2.coe.int/portfolio/documents/0521803136txt.pdf 参照。

表4 Can-Do リスト
Can Do List Basic

Unit	Function in Textbook	Can-do	Level	Level in ELP
1	Meeting and Greeting	I can introduce myself and greet people.	A 1	**Conversation A 1** Can make an introduction and use basic greeting and leave-taking expressions.
	Using classroom English	I can use classroom English.	A 2 lower	**Goal-oriented co-operation A 2 (lower)** Can communicate in simple and routine tasks using simple phrases to ask for and provide things, to get simple information and discuss what to do next.
2	Responding	I can answer simple questions related to familiar topics.	A 1	**Overall Spoken Interaction A 1** Can ask and answer simple questions, initiate and respond to simple statements in areas of immediate need or on very familiar topics.
	Asking questions using AAA	I can ask simple questions related to familiar topics.	A 1	**Overall Spoken Interaction A 1** Can ask and answer simple questions, initiate and respond to simple statements in areas of immediate need or on very familiar topics.
3	Talking about daily routines.	I can ask and answer questions involving frequency of daily routines and activities.	A 2 upper	**Sustained Monologue Describing Experience A 2 (upper)** Can describe plans and arrangements, habits and routines, past activities and personal experiences.
	Discussing free time activities	I can talk about hobbies and interests.	A 2 upper	**Informal Discussion with Friends A 2 (upper)** Can discuss what to do in the evening, at the weekend.
			A 1 lower	**Overall Spoken Interaction A 1(lower)** Can communicate in simple and routine tasks requiring a simple and direct exchange of information on familiar and routines matters to do with work and free time.
4	Expressing preferences	I can talk about what I like and don't like.	A 2 lower	**Conversation A 2 (lower)** Can say what he/she likes and dislikes.
			A 2 upper	**Sustained Monologue Describing Experience A 2 (upper)** Can explain what he/she likes and dislikes.
	Describing activities and places	I can describe activities and places.	A 2 upper	**Sustained Monologue Describing Experience A 2 (upper)** Can give short, basic descriptions of events and activities.
			A 2 upper	**Sustained Monologue Describing Experience A 2 (upper)** Can describe people, places, and possessions in simple terms.
5	Expressing Feelings	I can describe my feelings.	A 2 upper	**Conversation A 2 (upper)** Can express how he/she feels in simple terms, and express thanks
	Talking about Past Events	I can talk about past events.	A 2 upper	**Sustained Monologue Describing Experience A 2 (upper)** Can describe plans and arrangements, habits and routines, past activities and personal experiences.
			A 2 upper	**Information Exchange A 2 (upper)** Can ask and answer questions about pastimes and past activities.
6	Describing places	I can describe places using appropriate adjectives.	A 2 lower	**Sustained Monologue Describing Experience A 2 (lower)** Can describe people, places, and possessions in simple terms.
	Explaining locations	I can describe locations in a simple way.	A 2 upper	**Information Exchange A 2 (upper)** Can deal with practical everyday demands : finding out and passing on straightforward factual information.

第 4 章 社会へつなげる大学英語教育　145

Unit	Function in Textbook	Can-do	Level	Level in ELP
7	Review of Units 1-6 Ex 2: Meeting and greeting (Unit 1) 　　　: Responding (Unit 2 & 3) 　　　: Asking questions (Unit 2 & 3) Ex 3: Expressing preferences (Unit 4) Ex 4: Expressing feelings (Unit 5) Ex 5: (Describing activities and places) (Unit 4 & 6) Ex 6: Asking questions (Unit 2)			
8	Describing homes	I can describe homes using names of furniture and expressions of locations.	A 2 upper	**Sustained Monologue Describing Experience A 2 (upper/lower)** Can describe everyday aspects of his/her environment e. g. people, places, a job or study experience Can describe his/her family, living conditions, educational background, present or most recent job
	Welcoming guests to your home	I can welcome guests to my home and show them around.	A 2	**Conversation A 2** Can establish social contact: greetings and farewells; introductions; giving thanks.
9	Describing physical features	I can describe physical features using appropriate adjectives.	A 2 lower	**Sustained Monologue Describing Experience A 2 (lower)** Can describe people, places, and possessions in simple terms
	Talking about appearance	I can talk about appearance in a simple way.	A 2 lower	**Sustained Monologue Describing Experience A 2 (lower)** Can describe people, places, and possessions in simple terms
10	Talking about exercise activities	I can talk about exercise activities using appropriate verbs.	A 2 upper	**Sustained Monologue: Describing Experience A 2 (upper)** Can give short basic descriptions of events and activities. **Conversation A 2 (upper)** Can participate in short conversations in routine contexts on topics of interest.
	Asking for and giving advice	I can ask for and give advice in a simple way.	B 1 lower	**Informal Discussion with Friends B 1 (lower)** Can make his/her opinions and reactions understood as regards solutions to problems or practical questions of where to go, what to do, how to organize an event (e. g. an outing).
11	Talking about traveling (activites)	I can talk about activities during travel.	A 2 upper	**Sustained Monologue: Describing Experience A 2 (upper)** Can give short basic descriptions of events and activities. **Conversation A 2 (upper)** Can participate in short conversations in routine contexts on topics of interest.
	Discussing future plans and likelihood	I can discuss future plans using expressions of likelihood.	A 2 upper	**Sustained Monologue Describing Experience A 2 (upper)** Can describe plans and arrangements, habits and routines, past activities and personal experiences
12	Talking about numbers and prices	I can read large numbers and talk about prices and money.	A 1	**Transactions to Obtain Goods and Services A 1** Can handle numbers, quantities, cost and time.
	Going Shopping	I can buy things at shops.	A 2	**Transactions to Obtain Goods and Services A 2** Can make simple purchases by stating what is wanted and asking the price.
13	Describing food	I can describe food using appropriate adjectives and nouns.	A 2 upper	**Sustained Monologue Describing Experience A 2 (upper)** Can tell a story or describe something in a simple list of points.
	Ordering in restaurants	I can order food in restaurants.	A 2	**Transactions to Obtain Goods and Services A 2** Can order a meal.

Unit	Function in Textbook		Can-do	Level	Level in ELP

14	Ex 2 : Describing homes
	   Welcoming guests to your home.
	Ex 3 : Describing physical features
	   Talking about appearance
	Ex 4 : Talking about exercise activities
	   Asking for and giving advice
	Ex 5 : Talking about traveling
	   Discussing future plans and likelihood
	Ex 6 : Going shopping
	Ex 7 : Ordering in restaurants
		Unit 8
		Unit 8
		Unit 9
		Unit 9
		Unit 10
		Unit 10
		Unit 11
		Unit 11
		Unit 12
		Unit 13			

15	Describing locations		I can describe locations on a map.	A 2 upper	**Information Exchange A 2 (upper)** Can deal with practical everyday demands : finding out and passing on straightforward factual information.
	Asking for and giving directions		I can ask for and give directions on a map.	A 2	**Information Exchange A 2** Can ask and give directions referring to a map or plan. **Transactions to Obtain Goods and Services A 2** Can get simple information about travel, use public transport : buses, trains, and taxis, ask and give directions, and buy tickets
16	Talking about housework		I can talk about housework.	A 2 upper	**Sustained Monologue Describing Experience A 2 (upper)** Can describe plans and arrangements, habits and routines, past activities and personal experiences. Can give short basic descriptions of events and activities.
	Asking for help		I can ask for help using polite language.	A 2	**Transactions to Obtain Goods and Services A 2** Can ask for and provide everyday goods and services.
17	Using times and dates		I can read times and use expressions of times and dates.	A 1	**Information Exchange A 1** Can indicate time by such phrases as next week, last Friday, in November, three o'clock.
	Making arrangements		I can make arrangements.	A 2 lower	**Informal Discussion with Friends A 2 (lower)** Can discuss what to do, where to go, and make arrangements to meet.
18	Making phone calls		I can make phone calls.		N/A
	Taking and leaving messages		I can take and leave messages on phone.		N/A
19	Agreeing and Disagreeing		I can agree and disagree with my friends.	B 1 lower	**Informal Discussion with Friends B 1 (lower)** Can express belief, opinion, agreement and disagreement politely
	Making Suggestions		I can make suggestions with my friends.	B 1 lower	**Informal Discussion with Friends B 1 (lower)** Can hear his/her opinions and reactions understood as regards solutions to problems or practical questions of where to go, what to do, how to organize an event (e. g. an outing)
20	Review of Units 1-19				

第4章　社会へつなげる大学英語教育　147

Can Do List Intermediate

Unit	Function in Textbook	Can-do		Level	Level in ELP
1	Starting and ending conversations	I can start and end a conversation with someone I don't know and with someone I have met before.	Unit 1	A 2 lower	**Conversation A 2 (lower)** Can establish social contact: greetings and farewells; introductions; giving thanks
	Using classroom English	I can use classroom English.	Unit 1	A 1	**Overall Spoken Interaction A 1** Can ask and answer simple questions, initiate and respond to simple statements in areas of immediate need or on very familiar topics.
2	Showing interest	I can show interest in a speaker by responding with appropriate expressions.	Unit 1	A 2 upper	**Overall Spoken Interaction A 2 (upper)** Can interact with reasonable ease in structured situations and short conversations, provided the other person helps if necessary. Can manage simple, routine exchanges without undue effort; can ask and answer questions and exchange ideas and information on familiar topics in predictable everyday situations
	Maintaining a conversation	I can maintain a conversation using the AAA technique.	Unit 2		
3	Describing personality Talking about personality traits	I can describe and talk about personalities using positive and negative adjectives. I can talk about personality traits.	Unit 2	A 2	**Overall Oral Production A 2** Can give a simple description or presentation of people, living or working conditions, daily routines, like/dislikes etc. as a short series of simple phrases and sentences linked into a list.
4	Describing movies	I can describe a movie in detail.	Unit 3	B 1	**Overall Spoken Interaction B 1** Can express thoughts on more abstract, cultural topics such as films, books, music, etc. **Informal Discussion with Friends B 1 (upper)** Can express his/her thoughts on more abstract, cultural topics such as music, films. **Information Exchange B 1 (upper)** Can summarize and give his/her opinion about a short story, article, talk, discussion, interview, or documentary and answer further questions in detail.
	Talking about your impressions	I can talk about impressions of movies.	Unit 3	B 1 upper	
				B 1 upper	
5	Talking about appearances	I can describe people's appearance.	Unit 4	A 2 lower	**Sustained Monologue : Describing Experience A 2 (lower)** Can describe people, places, and possessions in simple terms. **Sustained Monologue : Describing Experience A 2 (upper)** Can tell a story or describe something in a simple list of points.
	Describing clothes	I can describe clothes in detail.	Unit 5	A 2 upper	
6	Describing food	I can describe food using adjectives of taste and texture.	Unit 6	A 2 upper	**Sustained Monologue : Describing Experience A 2 (upper)** Can tell a story or describe something in a simple list of points. **Information Exchange B 1 (upper)** Can describe how to do something, giving, detailed instructions.
	Talking about cooking	I can explain how to cook some food.	Unit 6	B 1 upper	
7	Review of Units 1-6 Ex 1 : Greeting Ex 2 : Classroom English Ex 3 : Greeting Responses & the AAA Technique Ex 4 : Responses & the AAA Technique Ex 5 : Personality Ex 6 : Describing movies Ex 7 : Describing clothes Ex 8 : Talking about cooking Ex 9 : Describing food		Unit 1 Unit 1 Unit 1 Unit 2 Unit 2 Unit 3 Unit 4 Unit 5 Unit 6 Unit 6		

Unit	Function in Textbook	Can-do	Level	Level in ELP
8	Expressing opinions	I can express and ask for opinions using adequate expressions.	B2 lower	**Informal discussion with Friends B 2 (lower)** Can account for and sustain his/her opinions in discussion by providing relevant explanations, arguments and comments.
	Agreeing and disagreeing	I can agree and disagree using appropriate expressions.	B1 lower	**Informal discussion with Friends B 1 (lower)** Can express belief, opinion, agreement and disagreement politely.
9	Describing symptoms	I can describe my symptoms in details.	B1	**Sustained Monologue Describing Experience B 1** Can relate details of unpredictable occurrences, e. g. an accident.
	Talking about illness	I can talk about illness in details.	B1	**Sustained Monologue Describing Experience B 1** Can relate details of unpredictable occurrences, e. g. an accident.
10	Describing emotions	I can describe emotions appropriately.	B1	**Conversation B 1** Can express and respond to feelings such as surprise, happiness, sadness, interest, and indifference
	Explaining how you feel	I can explain how I feel using positive and negative adjectives.	B1	**Sustained Monologue Describing Experience B 1** Can give detailed accounts of experiences, describing feelings and reactions.
11	Describing and comparing places	I can describe and compare places using appropriate adjectives.	B1 lower	**Informal Discussion with Friends B 1 (lower)** Can compare and contrast alternatives, discussing what to do, where to go, who or which to choose, etc.
	Stating preferences	I can describe similarities and differences about locations and state preference.	B1 lower	**Informal Discussion with Friends B 1 (lower)** Can compare and contrast alternatives, discussing what to do, where to go, who or which to choose, etc. Can express belief, opinion, agreement and disagreement politely.
12	Describing housing	I can describe housing using housing vocabulary and appropriate adjectives.	A2 upper	**Sustained Monologue : Describing Experience** Can tell a story or describe something in a simple list of points.
	Convincing someone & delaying an answer	I can convince, overcome possible negative points, and delay an answer.	B1 lower	**Goal-Oriented Co-operation B 1 (lower)** Can make his/her reactions understood as regards possible solutions or the questions of what to do next, giving brief reasons and explanations.
13	Describing holidays and festivals	I can describe Japanese and foreign traditional festivals.	B1	**Sustained Monologue Describing Experience B 1** Can describe events, real or imagined.
	Talking about memories	I can talk about my memories about particular festivals and holiday.	B1	**Sustained Monologue Describing Experience B 1** Can reasonably fluently relate a straightforward narrative or description as a linear sequence of points. Can give detailed accounts of experiences, describing feelings and reactions.
14	Review of Units 8-13 Ex 2: Expressing opinions Ex 3: Describing symptoms Ex 4: Talking about illness Ex 5: Explaining how you feel Ex 6: (listening) Describing and comparing places Ex 7: Describing and comparing places Ex 8: Describing holidays and festivals Ex 9:	Unit 8 Unit 9 Unit 9 Unit 10 Unit 11 Unit 11 Unit 12 Unit 8, 9, 10, 11		

第 4 章 社会へつなげる大学英語教育

Unit	Function in Textbook	Can-do	Level	Level in ELP
15	Explaining problems & asking for solutions	I can explain problems that arise while travelling and ask for solutions.	B 1 upper	**Goal-Oriented Co-operation B 1 (upper)** Can explain why something is a problem, discuss what to do next, compare and contrast alternatives **Overall Spoken Interaction B 1 (upper)** Can exchange, check and confirm information, deal with less routine situations and explain why something is a problem.
	Talking about traveling (making complaints)	The student can talk about travelling.	B 1 upper	**Transactions to Obtain Goods and Services B 1** Can deal with most situations likely to arise when making travel arrangements through an agent or when actually traveling, e. g. asking passenger where to get off for unfamiliar destination
16	Talking about academic life	I can talk about academic life using academic vocabulary.	B 1	**Sustained Monologue Describing Experience B 1** Can give straightforward descriptions on a variety of familiar subjects within his/her field of interest. Can describe dreams, hopes and ambitions.
	Asking for and making suggestions.	I can ask for and make suggestions about studying abroad.	B 1 upper	**Goal-Oriented Co-operation B 1 (upper)** Can make his/her opinions and reactions understood as regards possible solutions or the question of what to do next, giving brief reasons and explanations.
17	Telling stories	I can tell interesting stories and make up a story.	B 1	**Sustained Monologue Describing Experience B 1** Can narrate a story.
	Introducing and sequencing information	I can introduce and sequence information adequately.	B 1	**Sustained Monologue Describing Experience B 1** Can describe events, real or imagined.
18	Debating Stating, summarizing, & rebutting arguments	I can have a formal debate by presenting my point of view and give reasons to support it. I can express my opinion and summarize it, and can reformulate others' opinion and rebut it.	B 2	**Formal Discussion and Meetings B 2** Can contribute, account for and sustain his/her opinion, evaluate alternative proposals and make and respond to hypotheses **Sustained Monologue : Putting on a Case B 1** Can develop an argument well enough to be followed without difficulty most of the time.
19	Making Presentations	I can make presentations using appropriate presentation language with a good structure : introduction, body, and conclusion.	B 1	**Addressing Audiences B 1** Can give a prepared straightforward presentation on a familiar topic within his/her field which is clear enough most of the time, and in which the main points are explained with reasonable precision.
	Evaluating Presentations	I can evaluate other student's presentations.		N/A
20	Review of Units 1-19			

Can Do List Advanced

Unit	Function in Textbook	Can-do	Level	Level in ELP
1	Making conversation	I can enter a social conversation with people I don't know.	A 2 upper / B 1 upper	**Conversation A 2 (upper)** Can establish social contact: greetings and farewells; introducing; giving thanks. **Conversation B 1 (upper)** Can enter unprepared into conversations on familiar topics.
1	Giving feedback	I can respond and give feedback to the speaker.	B 1	**Goal-oriented Co-operation B 1** Can give brief comments on the views of others.
2	Leading discussions & restating ideas	I can lead and take active part in discussions in familiar contexts and and restate ideas accordingly.	B 2	**Goal-oriented Co-operation B 2** Can help along the progress of the work by inviting others to join in, say what they think, etc. **Informal Discussion with Friends B 2 (lower)** Can take an active part in informal discussion in familiar contexts, commenting, putting point of view clearly, evaluating alternative proposals and making and responding to hypotheses.
2	Expressing doubt or surprise	I can express emotions such as doubt or surprise by using appropriate expressions.	B 1	**Conversation B 1** Can express and respond to feelings such as surprise, happiness, sadness, interest and indifference.
3	Describing people	I can describe people in detail using appropriate expressions freely and fluently.	B 1	**Conversation B 1** Can enter unprepared into conversations on familiar topics.
3	Talking about relationships	I can discuss abstract and complicated issues such as relationships.	B 2	**Informal Discussion with Friends B 2 (lower)** Can account for and sustain his/her opinions in discussion by providing relevant explanations, arguments and comments. **Informal Discussion B 1 (upper)** Can express his/her thoughts about abstract or cultural topics such as music, films.
4	Preparing and conducting surveys	I can prepare, conduct, and answer questionnaires related to familiar topics.	B 1 lower	**Interviewing and Being Interviewed B 1(lower)** Can use a prepared questionnaire to carry out a structured interview, with some spontaneous follow-up questions.
4	Prefacing questions & changing topics	I can preface questions and change topics appropriately.	B 2 lower / B 2 upper	**Interviewing and Being Interviewed B 2 (lower)** Can take initiatives in an interview, expand and develop ideas with little help or prodding from an interviewer. **Overall Spoken Interactions B 2 (upper)** Can communicate spontaneously with good grammatical control without much sign of having to restrict what he/she wants to say, adopting a level of formality appropriate to the circumstances.
5	Expressing preferences	I can express preferences in detail using appropriate expressions.	B 1 lower	**Informal Discussion with Friends B 1 (lower)** Can compare and contrast alternatives, discussing what to do, where to go, who or which to choose, etc. **Conversation B 1** Can express belief, opinion, agreement and disagreement politely.
5	Talking about food and restaurants	I can talk about food in detail using appropriate expressions freely and fluently.	B 1 / B 2 lower	**Conversation B 1** Can enter unprepared into conversations on familiar topics. **Informal Discussion with Friends B 2 (lower)** Can account for and sustain his/her opinions in discussion by providing relevant explanations, arguments and comments.

第4章 社会へつなげる大学英語教育

Unit	Function in Textbook	Can-do	Level	Level in ELP
6	Making presentations	I can make a prepared presentation effectively and answer questions related to the presentation spontaneously.	B 1	Addressing Audiences B 1 Can give a prepared straightforward presentation on a familiar topic within his/her field which is clear enough to be followed without difficulty most of the time, and in which the main points are explained with reasonable precision.
	Evaluating others' presentations	N/A		N/A
7	Review of Units 1-6 Ex 2 : Making conversation 　 : Giving feedback Ex 3 : Describing people Ex 4 : Preparing and conducting surveys Ex 5 : Talking about food Ex 6 : Making presentations Ex 7 : N/A	(Unit 1 & 2) (Unit 1 & 2) (Unit 3) (Unit 4) (Unit 5) (Unit 6) N/A		
8	Discussing options	I can address a problem and discuss the options in detail.	B 2	Goal-oriented Co-operation B 2 Can outline an issue or a problem clearly, speculating about causes or consequences, and weighing advantages and disadvantages of different approaches.
	Asking for and giving advice	I can ask for and give advice using appropriate expressions.	B 2 upper	Formal Discussion and Meetings B 2 (upper) Can contribute, account for and sustain his/her opinion, evaluate alternative proposals and make and respond to hypotheses.
9	Conjecturing and correcting	I can conjecture and correct others when talking about other countries.	B 2 upper	Formal Discussion and Meetings B 2 (upper) Can keep up with animated discussion, identifying accurately arguments supporting and opposing points of view.
	Talking about other countries	I can discuss stereotypes and correct wrong information.	B 1 B 2 lower	Conversation B 1 Can enter unprepared into conversations on familiar topics. Informal Discussion with Friends B 2 (lower) Can account for and sustain his/her opinions in discussion by providing relevant explanations, arguments and comments.
10	Telling stories	I can tell a story using techniques highlighting and using effective expressions in the appropriate places.	B 1 B 2 upper	Sustained Monologue : Describing Experience B 1 Can narrate a story. Overall Oral Production B 2 (upper) Can give clear, systematically developed descriptions and presentations, with appropriate highlighting of significant points, and relevant supporting detail.
	Discussing different kinds of stories	The student can talk about different types of stories.	B 1 lower	Informal Discussion with Friends B 1 (lower) Can express his/her thoughts about abstract or cultural topics, such as music, films.
11	Presenting survey results	I can summarize and report information accurately and fluently.	B 2 lower	Information Exchange B 2 (lower) Can synthesize and report information and arguments from a number of sources.
	Suggesting conclusions	I can interpret information and can suggest possible conclusion using appropriate expressions.	B 1 upper	Information Exchange B 1 (upper) Can summarize and give his/her opinion about a short story, article, talk, discussion, interview, or documentary and answer further questions of detail.

Unit	Function in Textbook	Can-do	Level	Level in ELP
12	Apologizing and making excuses	I can use language effectively for social purposes such as for apologizing and making excuses.	C1	**Conversation C1** Can use language flexibly and effectively for social purposes, including emotional, allusive and joking usage.
			A2	**Conversation A2 (lower)** Can make and respond to invitations and apologies.
	Expressing disappointment	I can express emotions such as disappointment by using appropriate expressions.	B2	**Conversation B2** Can convey degrees of emotion and highlight the personal significance of events and experiences.
13	Explaining customs	I can discuss cultural issues such as customs.	B1	**Informal Discussion with Friends B1** Can express his/her thoughts about abstract or cultural topics such as music, films.
	Making comparisons	I can make comparisons in detail freely and fluently.	B1	**Informal Discussion with Friends B1** Can compare and contrast alternatives, discussing what to do, where to go, or which to choose.
			B1 upper	**Goal-oriented Co-operation B1 (upper)** Can explain why something is a problem, discuss what to do next, compare and contrast alternatives.
14	Review of Units 8-13 Ex 2 : Asking and giving advice (Unit 8) Ex 3 : Conjecturing and correcting (Unit 9) Ex 4 : Telling Stories (Unit 10) Ex 5 : Presenting Survey Results (Unit 11) Ex 6 : Apologizing and making excuses (Unit 12) : Expressing disappointment (Unit 12)			
15	Supporting and refuting ideas	I can support and refute ideas using appropriate expressions logically and effectively.	B1	**Sustained Monologue : Putting on a Case B1** Can develop an argument well enough to be followed without difficulty most of the time.
	Debating issues	I can express opinions and ideas by reasoning.	B2	**Formal Discussion and Meetings B2** Can express his/her ideas and opinions with precision, present and respond to complex lines of argument convincingly.
16	Evaluating the media	I can discuss abstract issues in detail freely and fluently.	B1 upper	**Information Exchange B1 (upper)** Can summarize and give his/her opinion about a short story, article, talk, discussion, interview, or documentary and answer further questions of detail.
			B1	**Conversation B1** Can enter unprepared into conversations on familiar topics.
	Expressing opinions	I can express opinions without difficulty.	B1 upper	**Informal Discussion with Friends B1 (upper)** Can express his/her thoughts about abstract or cultural topics such as music, films.
			B2	**Formal Discussion and Meetings B2** Can express his/her ideas and opinions with precision, present and respond to complex lines of argument convincingly.
17	Negotiating	I can negotiate using appropriate language.	B2	**Transactions to Obtain Goods and Services B2 (upper)** Can cope linguistically to negotiate a solution to a dispute like an undeserved traffic ticket, financial responsibility for a damage in a flat, for blame regarding an accident.
	Making compromises	I can make compromises and convince the other person by reasoning.	B2	**Goal-oriented Co-operation B2** Can outline an issue or a problem clearly, speculating about causes or consequences, and weighing advantages and disadvantages of different approaches.

Unit	Function in Textbook	Can-do	Level	Level in ELP
18	Reporting information	I can report information accurately and fluently.	B 2 lower	**Information Exchange B 2 (lower)** Can synthesize and report information and arguments from a number of sources.
	Discussing current events	I can discuss current events freely and fluently in detail.	B 2 lower C 1	**Information Exchange B 2 (lower)** Can pass on detailed information reliably. **Overall Oral Production C 1** Can give clear, detailed descriptions and presentations on complex subjects, integrating sub themes, developing particular points and rounding off with an appropriate conclusion.
19	Using presentation aids	I can make an effective presentation using aides such as charts, handouts, etc.	B 2	**Public Announcement B 2** Can deliver announcements on most general topics with a degree of clarity, fluency, and spontaneity which causes no strain or inconvenience to the listener. **Addressing Audiences B 2** Can give clear, prepared presentation, giving reasons in support of or against a particular point of view and giving the advantages and disadvantages of various options.
	Asking and responding to questions	I can ask and respond to questions almost effortlessly.	B 2	**Addressing Audiences B 2** Can take a series of follow up questions with a degree of fluency and spontaneity which poses no strain for either him/herself or the audience.
20	Review of Units 15-19			

に学生がどの程度このレッスン目標を達成できたかを評価する。

レッスンの進め方：一回のレッスンは，次に述べる手順で進められる。

表5　General Basic の各レッスンの手順

1. Ice breaker	挨拶や近況についての small talk などで英語を話す雰囲気を作る。
2. Functions	そのレッスンの目標および評価項目の再確認を行い，学生に目標意識を持たせる。
3. Preparation	そのレッスンを進めるための準備；クラス外での準備が必要な場合もある。 （例：新出表現の確認，クラスルーム・プレゼンテーションの準備）
4. Warm-up	そのレッスンへの学生の注意や関心を方向付ける。
5. Practice & Listening （Pre-communicative Activities）	実際に会話を進める前の練習。
6. Role-play & Discussion （Communicative Activities）	ロールプレイやディスカッションを行う。
7. Closure	レッスンの目標が達成できたかどうかを再確認し，次のレッスンに備える。

重要な点は，実際の活動に先立ち，学生が各レッスンにおいて何が目標となっているかを再確認することである。

セルフリビュー：すでに述べられている通り，チュートリアル英語ではチューター1名と学生4人が英語による対話のレッスンを行う。ここで注意しなければならないのは，単に学生が集まって英語を話し，チューターがそれを監督しているだけでは，高い学習効果は期待できないという点である。したがって，学生は自らの活動について反省し，その結果を次回のレッスンに生かすことに目を向けなければならない。そして，各学生は自分の英語運用能力がどの程度のレベルに達しているのか，各レッスンの目標をどの程度まで達成しているかを自ら確かめていく必要がある。文章が記録として残るライティングとは異なり，話し言葉は録音されるか書き留めておかない限り記録には残らない。教室

でチューターに個々の発音や語彙選択，そして目標達成のために必要な言語使用について指摘を受けたとしても，それを何らかの形で記録に残さなければその場限りで終わってしまう。

この点を考え，毎回のレッスン後に，チューターは受講生一人ひとりの専用Webサイトを通じて学生に対し個別指導を行う。チューターは各学生に対し，can-do functionsに関してどの程度できていたかを評価する。また，発音や流暢さなどに関してどのような弱点が見つかり，それを次回のレッスンにおいてどのように克服するべきかについてのアドバイスを与える。

学生は，自分で学習計画を立てて，学習進度を把握することが求められている。一方，チューターはこのような学生の自律的学習を促す役割も持っている。このような学生とチューター双方の働きによって，各レッスンの活動は有機的な繋がりを与えられ，より確かな英語運用能力の獲得へと結実することが見込まれる。このような自律的学習習慣を身につけることは，前述のオンデマンド授業における学習活動を効果的に進めるためにも必要である。

評 価 方 法：全レッスン終了後，チューターはコース全体での学生の英語運用能力到達度を評価するFinal Review Sheetを各学生について作成する。これにより，学生は自分の英語運用能力の長所および短所を知ることができる。

チューターによる評価に加え，学生の英語力を客観的に測定するために，学生は同プログラム受講前に，レベル分けのためにWeb上の英語力判定テスト（WeTEC）を受験することが義務付けられている。その結果に応じて，各学生はBasic, Intermediate, そしてAdvancedのいずれかのレベルにグループ分けされる。そして，この英語力判定テストを全レッスン受講後に再度受験することによって，各学生の学習成果は客観的に測定される。

2. オンデマンド英語ライティングコース

は じ め に：チュートリアルレッスンによる少人数英語会話能力訓練によって，学生の英会話能力は増進することが見込まれる。これと並行して，次のステップでの学習で必要とされる英文による文書作成方法，英文の文章構成など

を学習する機会を学生に提供する必要がある。ここではこのライティング訓練がどのように進められているかを Listening and Writing through the Internet を例に紹介する。

コースアウトライン：Listening and Writing through the Internet は，ビデオレクチャー，ビデオ教材，オンラインエクササイズやクイズなどのウェブ教材を利用したオンデマンドのライティングコースである。このコースは半期科目（15週）であり，その前半は General Course，後半は Business Course である。General Course では日常の出来事やトピックを題材にした一般的な英語ライティング技術を，Business Course では就職活動や仕事で利用できるテーマを題材にした英語ライティング技術を学ぶ。このコースは Basic, Intermediate, Advanced の3レベルに分けられている。学生は授業登録と共にプレイスメントテストを受験し，その結果によって受講するレベルが決定される。

各レベルは6つのユニットに分けられている。各ユニットのレッスンはオンデマンド授業システムを通じて学生に提示される。英作文作成のためのオンデマンド講義を12週間，小テストなどを合計3回実施する。レッスンでは，最初に講義ビデオを利用して，設定するトピックに関する英作文のポイントを解説し，同時に語彙力を増強するための簡単な活動を行う。

学生は各自のペースに合わせてそのオンデマンド教材を視聴する。各ユニットの最後には，そのユニットのライティング課題をあらかじめ設定された締め切りまでに提出することが義務付けられている。

各ユニットのライティング課題は BBS（Bulletin Board System）を使って担当教員に提出する。担当教員は，学生からの課題を添削した後，BBS 経由で各学生に返却する。学生はさらにその添削内容を踏まえて自分の書いた英文を書き直し，再び BBS 経由で担当教員に提出する。この BBS は，提出が義務付けられている課題提出・返却に加え，補助的課題の提出，学生からの質問に対し担当教員が回答する場としても活用可能である。

添削の際，担当教員は学生が提出した各ユニットのライティング課題を

図2　BBS画面

Writing Task Evaluation Sheet を使って添削する。教員は学生のエッセイをこのシートにペーストし，シート下部に一覧として提示された correction symbols をエラー個所に記入していく。Correction symbols を使うことによって，添削における教員の負担は軽減される。また，content, form, structure に分けられたコメント記入欄にそれぞれ内容，文法，そして文章構造に関するコメントを記入する。記入を終えたシートは各学生に返却され，学生はそのコメントを参考にそれを修正する。

評 価 方 法：ユニットは6つあるため，学生が教員の添削を踏まえて修正して再提出する英文エッセイは6つである。この中で，良く書けていると担当教員が判断した4つを評価の対象にする。また，第7週と第14週目に，学生は Web 上に設けられた Quiz に取り組む。これはリスニング問題（15問），文法問題（15問）そしてリーディング問題（15問）からなる。そして，最終週

には Final Test が設けられている。これもリスニング問題（20問），文法問題（20問）そしてリーディング問題（20問）からなり，2つの Quiz と Final Test の成績が最終評価に反映される。

ま と め：この節では，チュートリアル英語学習プログラムとオンデマンド英語ライティングコースについて簡単に述べた。いずれのコースも，学生が持っている英語の知識の量ではなく，英語を使ったコミュニケーション能力の増進を目標としている点が特徴である。このコースで確かな英語運用能力を身につけることによって，学生は英語によるコミュニケーションが必要とされる様々な状況に対処する基礎を得ることができる。そして，次節以降で述べられるオンデマンド授業，遠隔講義，そしてサイバーセミナーにおいても，学生が積極的に参加することが見込まれる。

IV. 異文化コミュニケーションの実践：CCDL (Cross-Cultural Distance Learning)

1. CCDL とは

CCDL (Cross-Cultural Distance Learning) とは，共通の言語（英語・中国語・ロシア語・日本語など）を媒介として，異文化理解を目指すと同時に語学学習の目的意思を高める双方向異文化間遠隔学習のことである。ＣＣＤＬの活動目標は，「国際舞台で活躍できる語学に長けた人材の実践教育」を行うことである。学部・大学院を問わず海外のパートナー校と共同参加できる，全学に開放されたプロジェクトである。2004年度は，パートナー校は44校（21の国・地域）で，参加学生数は延べ3500人である。

CCDLは形態上，1) 音声・文字チャットによる語学演習，2) サイバーセミナー（ゼミ形式），3) サイバーレクチャー（講義形式），4) オンデマンド授業に分類される。

1) の音声・文字チャットによる語学演習では，PCテレビ会議システム (BizMate) を利用して音声・文字チャットによる交流を行う。例えば，英作文

の授業の一環として，授業外に海外の学生と英語によるチャットを行い，それにもとづきレポートを作成し，プレゼンテーションを行う。対象となる科目は，一般英語，英文科専門科目，学部ゼミ，テーマカレッジ科目等である。

2）のサイバーセミナー（ゼミ形式）では，リアルタイムで，双方向のテレビ会議システム（ViewStation）を利用して，海外の大学と学部のゼミ間や大学院の演習ゼミ間でお互いに論文やプロジェクトを発表し合い，質疑応答を行う。対象となる科目は，一般英語，英文科専門科目，学部ゼミ，テーマカレッジ科目，大学院の演習科目等である。

3）と4）に関しては前述した。

2. 音声・文字チャットによる語学演習：チャットによる異文化交流

チャットは，Computer-mediated Communication（CMC）の一形態である。Herring（1996）によれば，「ＣＭＣの利点は，多種多様な学習方法が提供できる」ことである。つまり，学習者のスキル，好み・性向，不安傾向に応じて，学習者に合った学習方法が選択できる。たとえば，同期性（synchronous）vs.非同期性（asynchronous），speaking and listening（マイクを通した会話）vs. key‐typing and reading（タイピングによる会話），ビデオチャット機能あり vs. ビデオチャット機能なしなどを組み合わせて交流方法が決定される。それをまとめたのが表6である。

表6　交流の性質

	同期性	（同期的）音声伝達機能	（同期的）画像転送機能
E-mail による交流	−	−	−
BBS（電子掲示板）による交流	−	−	−
IP 電話による交流	＋	＋	−
TextChat による交流	＋	−	−
MSN Messenger, BizMate, CU-SeeMe	＋	＋／−	＋／−

　文字だけのコミュニケーションだと，相手の口調，顔の表情がなく，何を考えているのかわからないので誤解が生じやすい（フレイミング現象）。フレイミング（flaming）が怖いので，相手のビデオ画像は見たいが，英語で会話するほどのレベルには達していないという場合は，同期性（＋），音声伝達機能（−），画像転送機能（＋）といった交流手段をとることができる。

　筆者は，チャット学習に参加した167名の学習者にアンケートを行い，チャット形態の好みと学習者の性格（外向性）との関係を調査した。その結果，主に3つの傾向が見られた。

❶内向的学習者　非同期性を好むが，外向的学習者は形態が同期・非同期性であろうがあまり関係がない。
❷外向的学習者　相手の顔を見てチャットをしたいという願望が強く，内向的学習者は相手の顔が見える・見えないかは気にならない。
❸内向的学習者　相手との一対一でチャットを望む傾向が強く，グループでチャットを行うとか自分が話しているところをパートナー以外に見られるのを嫌う。

　つまり，パートナーと話し合いながら，学習者の望んだスタンスで英語学習を促すことができるのが，チャット学習の大きな利点である。

教師の役割・プロジェクトの流れ：チャット学習を行うために教師は何をすればよいかを考えていきたい。時系列で示す。Robb (1996)，Helland et al. (1999)，Choi et al. (1999)，三宅 (1997) なども参考にされるとよい。

Step 1　学生の言語・コンピュータ能力を調査する。
Step 2　パートナーを見つける。
Step 3　スケジュールを決定する。
Step 4　交流目標を明確にする。
Step 5　トピックを決める。
Step 6　交流状況を把握する。
Step 7　交流についてレポートやプレゼンテーションをさせる。
Step 8　評価

Step 1 学生の言語・コンピュータ能力を調査する：学生の英語力がどんなものかを把握し，可能な交流形態を決める。また，学生のコンピュータリテラシーはまちまちであるため，どの程度の能力があるかも見極める必要がある。英文による簡単な E-mail 作文をさせてみれば大体のスキルが把握できる。

Step 2 パートナーを見つける：交流のパートナーは，教員が交渉をして見つける方法と学生が自分でみつける方法がある。学生のパートナー選びを助けるサイトが"eTandem"である。(http://www.slf.ruhr-uni-bochum.de/etandem/)

 (**eTandem**)：名前，メールアドレス，興味，希望する交流手段の方法など自分の情報を書けば，パートナーを振り分けてくれる。個人情報が広く公開されるわけではないので，プライバシーの面では安心である。自主学習用としても学生に紹介したい。

 (**Teaching.com**)：教員が，クラス単位でパートナーを見つけたい場合に，役立つのが IECC (Inter-Cultural E-mail Classroom Connections) である。

(http://www.teaching.com/iecc/)

1992年の開始から10年間の間に、82ヶ国2万1000人の教員が登録し、22万のクラスルームの交流プロジェクトが可能になったと紹介されている。

Step 3 スケジュールの決定する：双方の教員は、お互いの状況（ネットワーク・学習者のスキル・履修条件など）を相互に把握していなくてはならない。成績評価のつけ方、交流の回数などを前もって話し合いをし、双方の学生が同じ条件で交流を行うのが動機づけの面で望ましい。

また、限られた期間の中で、より多くの交流を増やすためには、時差、大学暦・休日の違いを考慮する必要がある。

Step 4 交流目標を明確にする：交流が単なる「おしゃべり」だけで終わらぬよう目標設定をする必要がある。相手校の学生と親密な関係を育みながらもアカデミックな討論をできることも重要であるため、交流内容に関してレポートやプレゼンテーションをさせるように交流の前に設定すべきである。そうすれば、学生が何から喋ればよいか迷うことも減るであろう。できれば相手校の学生も同じ目的意識をもって交流を行えるようであれば、モチベーションが保ててよい。

Step 5 トピックを決める：学生達が、何を喋ってよいか不安になるのを避けるために、とりあえず毎回トピックを設定しておくか、交流を始める前に前もっていくつか与えておく必要がある。特に初級レベルの学生には、自分の考え、相手に質問したいことをあらかじめ準備させておかないと、相手を待たせていらつかせて、相手の不安感・負担感を高めてしまう恐れがある。

Step 6 交流状況を把握する：遠隔教育の場合、教師のコントロールが重要な鍵となる。交流がうまくいかない場合、その理由は何かを教師側はすばやく状況把握して（技術的な障害、学生の英語力やモチベーションの差異など）、連絡を取り合う必要がある。学生が密に連絡を取り合うよう促し、連絡がとれないようであれば、パートナー変更をすばやく行わないと、大学歴の違いにより交流期間が限られているためせっかくの交流のチャンスを学生が逃してしまう。1対1の交流だけでなく、複数対複数の交流も考慮に入れるなど、

状況にあわせて柔軟な対応をとることが大切である。

Step 7 交流についてレポートやプレゼンテーションをさせる：先で述べたように学生はあらかじめ定められたゴールを意識して，プロジェクトに参加しなければならない。それゆえに，パワーポイントなどを使って，交流相手の紹介，プロジェクトの経験を通して学んだことをまとめて発表をする機会を与えるとよい。学生達の意見交換の場にもなり，連帯感も生まれることとなろう。また，他の学生の発表により，プロジェクト参加に消極的な学生に良い刺激を与え，プロジェクトの活性化に貢献する。

Step 8 学生を評価する：学生の評価方法を一つ紹介する。相手の興味を刺激するようなメールが書けたらたくさんの返答がくるという基準で，送信したメッセージの数および行数と受信したメッセージの数と行数を提出させて，それを評価の対象とする。メッセージの回数や行数で，学生達の評価を正確に反映できるものではないが，データそのものを集めなくてよいため，学生のプライバシーは守れるという利点がある。また，データを集めて，平均発話長や語彙密度の伸びを評価のひとつに含めることもできる。（チャットデータの分析例は，第1部・第3章Ⅲ61頁～を参照）

3. サイバーセミナー（ゼミ形式）：テレビ会議を使った異文化理解型授業

はじめに：チュートリアル英語とチャットによる交流を通して，基本的な英語コミュニケーション能力および異文化対応能力を身につけた次の段階として，テレビ会議を使った異文化理解型授業（Teleconference-based Cross-Cultural Awareness Course）へと進むことになる。

その一例として，少人数制（20名程度）の科目である『グローバルリテラシー演習』を取り上げる。これは，早稲田大学のオープン教育センターで開講されている，学部を問わず履修できる主に1年生を対象にしたテーマカレッジ「国際コミュニケーション」内の1科目である。この授業のねらいは，異文化

相互理解の手段として英語を実際に使うことによって，英語力と異文化対応能力を養うことである。前期と後期ともに2コマ連続（90分×2）で履修する。前期のみあるいは後期のみ履修する学生もいるが，ほとんどの学生が前期・後期ともに履修している。なお，授業の補助として，担当教員の他にTA（英語教育専攻の日本人大学院生，英語を第1言語または第2言語とする大学院留学生）が3人程度いる。

授業の進め方：大きな流れとしては，最初のコマでは，次のコマの韓国とのテレビ会議の準備として，学生4人のグループに教員あるいはTAが1人担当となり，ワークシートにもとづいてグループワークを行う。次のコマでは，韓国の高麗大学のクラスとのテレビ会議で，決められたトピックにもとづきお互いあるいは一方がプレゼンテーションを行い，それにもとづいてディスカッションを行う。

以下では，日本側の授業の流れを見ていく。

図3　グループワーク

1）CCDL（Cross-Cultural Distance Learning）のＷｅｂ上にあるStudent Profileに自己紹介文を英語で書き，自分の写真を載せる。

2）日本側あるいは韓国側，または双方の担当のグループ（4人程度）が，インターネットの新聞記事等をreading assignmentとして指定し，全員がそれを事前に読

図4　テレビ会議

んでくる。ここで，扱うトピックに関する共通の基盤ができる。
3) 教員が準備したワークシートに従って，英語でグループワークを行う。(図3)
4) 韓国側とテレビ会議を約1時間程度行う[2]。約30分がプレゼンテーションで，残りの30分がディスカッションの時間となる。(図4)

```
Member's Notebook - Read -

Global English - Global Literacy           Kazuharu Owada

            Report
                                           Japan [Local time]

No.     00244   (Response:         )
Title   5/31 North Korea issue
Name
Date    2004/06/02 0:13:53

        Abduction of the Japanese is the hottest news in Japan now. Reports about the
        abductees are on TV everyday. But I never thought about abduction of South Korean
        people. In Japan, it never comes up on the news. I want to know more about it. Is the
        South Korean government taking action to bring back its abductees? What do you think
        about North Korea? Somebody asked if we have the same images towards North and
        South Korea. I have very different images. But we have little information on North
Comment Koreans, so we can't really say anything for sure. We only know the leaders of North
        Korea, but this doesn't mean we know the citizens as well. As we can see from the
        escapees from the North, the North Koreans may have different ideologies. I want to
        know how the North Koreans feel. Also, I want to know how your generation think of
        North Korea. Do you think there is a need to reunite? I think there is too much difference.
        Is it possible for both Koreans to feel they are the same race? Do you feel you should be
        one country?
```

図5 My Notebook

5) CCDLのWeb上にあるMy Notebookに英語で150ワード以上の感想やコメントを記入する。韓国の学生がこれを読んでコメントをつけることができる。ここで，ある程度のまとまりの英語を書く練習ができる。(図5)

---

[2] ポリコム株式会社製の高性能で簡単に操作できるTV会議システムを使っている。http://www.polycom.co.jp/viewstation 参照。通常はIP接続で行っているが，バックアップとしてISDNも利用している。

Bulletin Board System (BBS)

2004 Global English-Global Literacy　　　　Kazuharu Owada

Article index

　　　　　　　　　　　　　　　　　　Japan [Local time]

Back to the community main menu

Post new article　　Searching for articles　　Delete article　　Download

21 – 40 of 47

○　　　　　　　－　　　　(2004/11/14 21:21:50)
・　　　　　　　－　　　　(2004/11/14 23:12:18)
　　　　　　　　　　　　　（　　　　　）

図6　B　B　S

6) 日本側と韓国側のクラス全体に向けての質問やコメントをCCDLのWeb上にあるBBS上で行う。ここでは，短い質問を気軽にすることができる。（図6）

7) 授業外の活動として，韓国側の学生2人と日本側の学生2人で，BizMate[3]というソフト（チャットだけでなく会話もできる）を介してチャットを週一回40分程度行う。ここでは，テレビ会議で言えなかったことや質問できなかったことを話し合う。いわば，テレビ会議での補足ディスカッションの役割を担う。テレビ会議であまり積極的に話せない学生でもここでは気楽に意見を交換することができる。（図7）

8) 授業のハンドアウト，レポート，新聞記事，ネット上の情報な

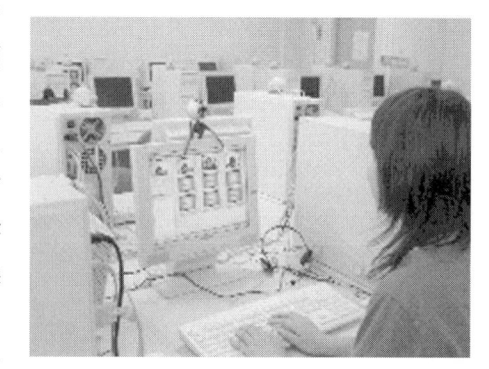

図7　BizMate

---

3) 松下電器産業株式会社製のPCを用いたTV会議システム。多くの企業で会議用に使われている。http://bizmate.adnet.or.jp/index.html 参照。

ど，自分が調べたものを全て毎時Ａ４ファイルに保存し，自己学習の習慣を身に付ける。その中から，自分が興味を持ったテーマで学期の最後にクラス全員の前で約3，4分英語でプレゼンテーションを行う。

扱ったトピック：トピックに関しては，2003年度の前期，後期ともに学期のはじめに学生の意見を参考に決定した。日本側・韓国側もともに同じトピックのもと，それぞれの視点から発表を行った。ただし，2004年度後期からは，ディスカッションの時間を増やすため，日本側と韓国側隔週ごとに交互にプレゼンテーションを行っている。また，トピックは学生にその都度自主的に決めさせている。

- 2003年度前期のテレビ会議（計7回）のトピック
  1) 自己紹介
  2) The Strait Timesからわかる多民族国家シンガポール（1）
  3) The Strait Timesからわかる多民族国家シンガポール（2）
  4) 日韓の食文化とマナー
  5) 韓国の軍隊（徴兵制）と日本の自衛隊
  6) 日韓の日常表現からみる社会・文化
  7) 台湾映画「恋人たちの食卓」
- 2003年度後期のテレビ会議（計7回）のトピック
  1) 自己紹介
  2) 日韓の若者文化：学生生活，サプリメント，ブランド品
  3) 日韓の教育：週五日制，受験，日韓の教育制度
  4) 日韓の食文化：テーブルマナー，行事と食べ物
  5) 日韓の迷信および宗教的行事：寺院，神社
  6) 日韓の身近な経済：DINKS，DEWKS，UNIQLO，地価など
  7) 日本映画「たそがれ清兵衛」（サムライとは）と韓国映画「ラブストーリー（Classic）」（韓国社会の時代的変遷）
- 2004年度前期のテレビ会議のトピック
  1) 自己紹介

2）いじめ
3）女性の地位と整形手術
4）余暇の過ごし方
5）北朝鮮問題（拉致問題，核問題など）
6）日本における韓国ブーム（韓国における日本ブーム）
7）日本映画「たそがれ清兵衛」（サムライとは）と韓国映画「ラブストーリー（Classic）」（韓国社会の時代的変遷）

学生の反応：コース終了後に学生にアンケートをとった。学生のこの授業に対する感想としては，「韓国語がわからなくても，英語を使えば韓国の人と話ができるということにものすごく感動しました」，「英語を話すことへの抵抗が減った」，「発音に注意するようになりました」，「日本のことを英語で表現するのかがいかに難しいかが分かりました」というのが主であった。

また，この授業の教育的効果としては，1) 学生はテレビ会議で自分の発音によって意思の疎通が妨げられる経験を通して，言い換えたり聞き返したりしてコミュニケーションを取ることを実体験できた，2) 学生は自分の発音が日本人同士では通じるが韓国人には通じないことを知り，学生の英語の発音に対する関心を高めた，3) 学生は日本人と韓国人という同じノンネイティブ同士で英語を使うことで，英語は国際コミュニケーションの手段であるという意識を高めた，4) 教員・TAが学生に英語学習上のアドバイスを与えることで，英語を学ぶ動機の高まりがみられた，5) 英語のスピーキング能力は，積極的な学生は目覚ましく伸びたが，そうでない学生もテレビ会議でのプレゼンテーションを通して，とてもいいスピーキングの経験および練習となったようだ。それは，最後のプレゼンテーションの質疑応答が前期に比べ後期には活発になったことなどに現れていた，6) 学生は，お互いノンネイティブ同士で英語でコミュニケーションする上で意思疎通の障害にならないためにも，英語の発音が大切であると実感していた等が挙げられる。

以上見てきたように，この授業では，韓国人学生と英語を使い意見を交換するという目的がはっきりしているため，学生の学習意欲さえあれば，英語力の

いかんにかかわらず，得るものが必ずあるはずである。学生は，自分の使う英語がテレビ会議を通して，韓国にいる学生およそ20人を前に通じる喜びを知り，英語を学ぶ意義を確認し，英語を学ぶ意欲を育んでいくのである。

今後の課題とまとめ：英語のスピーキング力にはばらつきがあるので，きめ細やかな指導が必要であることを痛感した。音節の概念や発音記号を知らない学生が大部分なので，発音指導を体系的に取り入れたほうが効果的だと思われる。学生は英語の学習方法が分からなく悩んでいるので，教員やＴＡが積極的にアドバイスを与える必要がある。また，話者交替（turn-taking）や談話標識（discourse marker）等の社会言語学的な視点を考慮した指導を行う必要があろう。2004年度は，発問の方法，プレゼンテーションの際の効果的な英語表現を徹底的に指導した。

現在，「国際語としての英語」が注目を浴びている。ノンネイティブ同士，英語を媒介にしてコミュニケーションを図ることの意義を早い時期に認識させる必要がある。2004年度は，ビデオ教材 The Story of English を視聴させ，世界で英語がどう使われているかを理解させたり，パラオ，ナイジェリア，バングラデッシュ，オーストラリア出身の大学院生にミニレクチャーをしてもらい，さまざまな英語に触れさせた。こういったことを通して，「発音も重要であるが，筋道立てて自信をもって英語を話す」ことの重要性に気づかせることが大切である。

英語を使って，韓国という異なる文化に生きる人々をもっと理解し，日本人のひとりとして感じたことを伝え自分を少しでも理解してもらう，まさにこれこそが異文化を通した英語学習プログラムの目指すものなのである。

V. まとめ
：大学英語教育を核とした人材養成の可能性

1. 「チュートリアル英語」と「CCDL (Cross-Cultural Distance Learning)」のコラボレーション

　早稲田大学の英語教育は，全学規模で学部の垣根を越えて履修できる少人数（学生4人にチューター1人）の「チュートリアル英語」プログラムと異文化交流と語学力の養成を目指した「CCDL (Cross-Cultural Distance Learning)」プロジェクトという大きな二つの柱で展開されている。

　学生は，まず，「チュートリアル英語」で教室内という狭い空間内で基礎的英語力を養う。次に，「CCDL (Cross-Cultural Distance Learning)」では時空を越えて，文化的背景の異なるさまざまな海外の教授陣や学生達と異文化間コミュニケーションを行い，そこで英語を道具として実際に使いながら英語を習得していく。

2. 「国際語としての英語」と「CCDL (Cross-Cultural Distance Learning)」

　World Englishes（世界の諸英語）と大学のおける英語教育：Kachru (1985) は，世界で英語を使う人々を3つの同心円で分類している。まず中心に，英語が第1言語である国（アメリカ，英国，カナダ，オーストラリア等）からなる中心円 (the inner circle) がある。その周りに英語が第2言語である国（インド，シンガポール，マレーシア等）からなる外円 (the outer circle) がある。さらにその周りに，英語が外国語である国（日本，中国，韓国，ロシア等）からなる拡大円 (the expanding circle) がある。これら3つの円は，時代とともに，各円に属する国や人口が変化する。現在では，外円・拡大円に属する，英語を非母語話者として使用する人が増加している。

　大学における英語教育では，こういった英語の置かれている状況を学生に十

分認識させ，いったい何のために英語を学ぶのかということをもう一度考えさせたい。その際，理論としてだけ教えるのではなく，実体験を通して，英語は英語母語話者だけではなく非英語母語話者とのコミュニケーションを行うための手段であることを認識させたい。そうすることによって，英語学習を継続する上でもっとも大切な英語学習の動機づけが高まるからである。

今の大学生の間には，残念ながらいわゆるネイティブ崇拝の傾向があり，日本人的ななまりのある英語，非英語母語話者が話すなまりのある英語を低く見る傾向があるといわざるを得ない。その裏返しとして，自分の英語の発音に自信が持てないということで，英語学習をあきらめている学生も多く見受けられる。

しかし，大学生のうちに世界各国の学生と英語による学問レベルでの交流を通して，お互いに英語を学ぶ喜びを知れば，そういった英語に対するネガティヴな考えを捨て去ることができるであろう。

以上述べた体験を大学レベルで行えば，その成果を学生が社会に出たときに生かすことができる。英語がお互いのコミュニケーションを円滑に行うための手段であるということを考えれば，社会に出て初めて非母語話者の英語に接し，戸惑うのではなく，相手国の英語のコミュニケーションスタイルの特徴を把握し，訓練を積み，お互いの英語を尊重し合う精神を大学の教育の場で養うべきではないだろうか。

例えば，CCDLを通じて，日本人と同じ拡大円に属する中国人や韓国人が使う，彼らの文化が反映された英語コミュニケーションスタイルに接したことのある学生は，そうした実体験のない学生に比べて，彼らの英語をより理解できる立場にあるということがいえるであろう。また同時に，中国人や韓国人たちに日本人の英語によるコミュニケーションスタイルを知ってもらえる。

「CCDL（Cross-Cultural Distance Learning）」のこれから：「チュートリアル英語」が英語の技能面に焦点を当てているのに対し，CCDLでは異文化間交流を通して専門分野や文化を学びながら実際に英語を使う中で，英語によるディスカッション能力やプレゼンテーション能力を身につけることを目

標にしている．特に，CCDL では，英語母語話者だけではなく英語を第二言語とするひとたち，特にアジア圏の人々と英語でコミュニケーションする機会が多い．このような交流を通して，学生達は，英語はもはや英語母語話者だけのものではなく，コミュニケーションの手段であることに気づくことになる．そして，例えば，英語を第二言語として使用しているアジアの人の話す英語に積極的に耳を傾け，彼らの英語を尊重し，自分の英語に多少日本人的な発音等があっても自信を持って英語を駆使してコミュニケーションすることの大切さを実体験することになる．今後はますます英語を母語としない人同士の英語によるコミュニケーションが増えていくことになる．日本人英語学習は，英語を第一言語とする人たちの英語だけでなく，英語を第二言語とする人たちの英語を学ぶ必要が生じてくるし，英語を第一言語あるいは第二言語とする人たちにも日本人の英語の特徴とその文化的背景を知ってもらうことが，英語による異文化相互理解を考えるうえで非常に重要となる．

国際的な人材育成を視野に入れた英語教育の 3 ステップ：早稲田大学では，社会に有益な人材を送り出すために以下の点を目指している．すなわち，(1)「地球市民」＝「行動する国際派知識人」の養成，(2) 実社会で即戦力となるスキルの獲得，(3) 多様で豊富なヒューマンネットワークの形成，(4) 新アジア型教育（言語・習慣・宗教・風土等）の確立，(5) 異文化適応能力の養成，(6) 知識創造型専門教育への展開，(7) 加盟大学間での授業カリキュラム共同制作・共同運営の推進，(8) アジアをベースとした各国の大学と企業の連携である．

また，英語教育に関しては，これまで見てきたことをまとめると，3 つのステップ，つまり，第 1 ステップの「チュートリアル英語」，第 2 ステップの「CCDL」，第 3 ステップの「サイバーレクチャー」「オンデマンド授業」にまとめられる．現在，早稲田大学では，これら 3 つのステップの有機的な連携を目指した英語学習プログラムを開発し，実践している．第 1 ステップの「チュートリアル英語」を受けた学生が，スムーズに第 2 ステップの「CCDL」，そして第 3 ステップの「サイバーレクチャー」「オンデマンド授業」と進んでいけ

るようなシステムをすでに構築している。また，第2・第3ステップでの学生の英語使用の実態を調査研究し，その成果を第1ステップである「チュートリアル英語」に還元することによって，第1から第3までの流れがよりスムーズになるように改良を重ねている。これにより，より国際的な視点に立った英語教育を学生に提供することが可能になるのである。

参 考 文 献

- Herring, S. C. (1996). 'Introduction.' In S. C. Herring (Ed.), *Computer-Mediated Communication ; Linguistic, Social and Cross-Cultural Perspectives.* (pp. 1-10). Amsterdam : John Benjamins Publishing Company.
- Kachru, B. B. (1985). 'Standards, codification and sociolinguistic realism : the English language in the outer circle', in R. Quirk & H. G. Widdowson (Eds.), *English in the World : Teaching and Learning the Language and Literatures,* Cambridge : Cambridge University Press.
- 岡田昭夫. (2003). 遠隔授業の代替機能とその限界に関する一考察―ブシュケ・ネットの実践から―,『コンピュータ＆エデュケーション』, Vol. 14, CIEC.

HTML Documents
- Choi, J. and Nesi, H. (1999). 'An Account of a Pilot Key Pal Project for Korean Children.' http://iteslj.org/Articles/Choi-KeyPals/index.html
- Helland, K. I, &Muhleisen, V.-(1999). 'Writing to Communicate : Using E-mail Penpals to Cross Borders'. http://www.f.waseda.jp/vicky/papers/PAC 2.html
- Robb, T. (1996). 'E-mail keypals for language fluency.' http://www.kyoto-su.ac.jp/~trobb/keypals.html

- Websites
'teaching.com, IECC' http://www.teaching.com/iecc/home.cfm
'eTandem' http://www.slf.ruhr-uni-bochum.de/etandem/

第 5 章

現職英語教員研修

I. リカレント教育の必要性

 「はじめに」でも述べたように,大学では時代の要請に応えようと,絶えず新たな試みをしている。徹底した少人数教育のチュートリアル英語,Cross-Cultural Distance Learning (CCDL),サイバーセミナー,サイバー講義,オムニバス形式のオンデマンド・インターネットコース,個人要因にあわせた個別指導,オンラインでできる作文指導など,教育学研究科に大学院生として戻ってきた卒業生は全員,英語教育の進化に目を見張り,母校に戻ったことについて喜びを語ってくれている。日本の英語教育は今後も新しい教授法を開発し,進展していくはずであるから,現職教員は 10 年おきに大学に戻り,研修の機会が与えられるのが望ましい。
 上記のような様々な英語教育は,中学校や高等学校でも導入できることであり,このような活動を通して,英語を使ってコミュニケーションの喜びや英語学習への動機を高めることは重要である。近年,「教室を飛び出していこう」というスローガンを耳にするが,その一つとしてアジアの同世代と交流するという活動がある。このような活動を通して,「なぜ英語を学ぶのか」について

生徒たちに考えさせることで，英語学習への興味を継続させ，アジア人の文化的な共通基盤に気づかせ，将来「アジアの共生」を考えさせることの出発点とさせたい。

　また，現職教員はリカレント教育を受けるとき，「次世代の英語教育はどうあるべきか」について，日本国内だけでなくアジア地域の教員とともに模索するべきであろう。そのためには，コンピュータ・ネットワークを活用することも必要になってくる。

　現職教員にアンケートと聞き取り調査をしたことがある。「はじめに」で書いたように，新しい学問の動向を身につけたいという要望のほかに，英語力そのものを高めたいという要求が多かった。この要求に応えるために，早稲田大学のチュートリアル英語には，上級コースの他にテレ・チュートリアル（Tele-Tutorial）を用意している。ここでは，オーストラリアのアデレード大学やアメリカのポートランド州立大学が，上級者のための英語やアカデミック・ライティングのコースを提供している。このように，コンピュータ・ネットワークを利用することにより，海外の大学から直接，講義も演習も受けられるようになったことは，留学制度に代わる新たな現職教員研修の方法として注目すべきであろう。

　さらに，早稲田大学では，ハーバード大学のライティング・センターと提携し，ハーバード・メソッドを取り入れようと計画中である。世界の英語たち（World Englishes）を研究している人たちの間では，口語英語の熟達に関しては母語の影響もあることから，日本人的なアクセントこそ日本人のアイデンティティともなるが，文法力と語彙力，それらの総体としての作文力を完全に身につけ，教養ある英文を書くように努力すべきとの意見が多い。これからは高度なライティングの力をつけることが必要な時代になるだろう。

　マサチューセッツ工科大学（MIT）は，2000科目のうち701科目をOpen Course Wareとして，その内容を全世界の人が見ることができるようにしている。このやり方には3つの利点がある。第1の利点は，卒業生が最先端の学問の動向をネット上で知ることができることである。研究が日進月歩の発展を

する分野では，最先端の研究について知ることは必要であり，卒業生への最大の母校のサービスになっている。第2の利点は，高い学費を払っている学生の親たちが自分の子供の受けている授業内容を知ることができることで，親たちにとって Open Course Ware は授業料の価値を体験できるという点で意味があり，評判がよいと聞く。第3の利点は，世界中から毎日30万人の人々がOpen Course Ware をネット上で見るので，ＭＩＴの教授たちの教育研究がさらに有名になったということである。大学の未来はこのような情報の共有によって，世界に貢献するようになるのではないだろうか。

まとめると，現職教員研修においては，「リカレント教育」や「インターネットというネットワークを利用したネットワーク型の授業形態」によって教員自身の英語力を増進するばかりでなく，コミュニケーションの喜びを通じて，次世代の若者に意義ある英語教育を教室内で実行できる実力と幅広い度量を身につけてもらいたいと切に願う。

Ⅱ. リサーチをどう授業に生かすか
― 授業に密着したリサーチメソッドの探求 ―

ここでは，リサーチがそのまま授業に生かせた例を挙げながら解説したい。

齋藤（1996）では，高校生に未知語の意味をどのように類推させるかが研究された。この論文では様々な角度から研究がなされたが，ここでは一部の例を挙げる。まず，先行研究をまとめた結果，未知語の類推には次の6種類の言語知識が関係していることがわかった。

❶品詞など文法的な知識：Thank you for sending me a beautiful Christmas card. の文で，beautiful が未知語である場合，Christmas card が名詞なので，beautiful は形容詞であると類推できる。この類推と一般的な常識を組み合わせると，生徒たちは「きれいな」という訳語が類推できる。

❷典型例の知識：認知意味論では典型例（プロトタイプ）が言語知識に含まれている。例えば，The most popular bird in Japan is a sparrow. の文で，sparrow が未知語であったとする。日本の鳥の意味カテゴリーでは「すずめ」が典

型例なので，日本で最も人気のある（大衆的な）鳥は「すずめ」であると直感できる。

❸カタカナ英語のような日本語からの転移の利用：Our family goes to the seaside to enjoy our summer vacation. シーサイドやバケーションはカタカナ英語として日本語で使用されているので，英語のつづりを発音できれば，意味は自然に類推できる。

❹一般的な常識：We celebrate the New Year on the 1st of January. ニューイヤーはカタカナ語となっているので類推できるが，もしJanuaryが未知語であれば，正月という単語から1月という意味が類推できる。Celebrateも元旦と正月の動詞のコロケーションを考えれば「祝う」という意味も類推できるだろう。

❺個人的な体験：I nearly drowned in the river when I was a child. 子供のときに川でおぼれかけた経験がある人であれば，drownの意味が類推しやすい。

❻文脈の利用の仕方：Michiyo had lived in Canada until she became 18 years old. So, she speaks English fluently.「美千代は18歳までカナダで暮らした」という文脈で，so以下の文を読めば，fluentlyの意味は「流暢に」であることが類推できる。

この6種類の言語知識を活用するために，齋藤は毎時間予習プリントを用意し，学習者に未知語の類推の仕方を予習させながら，半年間の授業で未知語の類推の仕方を身につけさせた。その結果，前期の初めと終わりでは未知語の類推力に格段の差が得られ，英語学習に対する動機を高めたことを克明に報告している。

三宅（1996）では，人が言語を学習するときの認知活動に基づく理論として，心理実験研究のRosch（1977）や認知意味論のTaylor（1987）とLangacker（1987）から出された知見を英語教授法に応用している。認知意味論では，名詞や動詞について，人はカテゴリー化をし，そのカテゴリーに属する項目は典型例（best exemplar, prototype）から周辺例まで順序付けができること，同じカテゴリーに属する項目は家族的類似性（family resemblance）という概念

でまとめることができること，学習では典型例を初期刺激として与えることで学習が促進することなどを実験により検証している。このカテゴリー化は，文化や年齢によっても変化する。例えば，鳥という意味カテゴリーでは，英語圏では「コマドリ」（robin）が典型例であるが，日本では「すずめ」である。また，Langacker（1987）は，同じ動詞の中の多義語の関係や付加詞，前置詞の多義的な意味関係を目印（Landmark）と軌跡（Trajector）で示すことができることを例証した。三宅はこうした先行研究をまとめ，句動詞の V＋on と V＋around を教授法に応用した。

三宅は3回の実験結果から，典型的な意味はより理解しやすいが，比喩的な周辺例は理解しにくいことを示した。また，和訳による指導を受けたグループと目印（Landmark）と軌跡（Trajector）により多義的な意味関係の概念化により指導を受けたグループとを比較すると，後者の概念化による指導を受けたグループのほうが基本的な用法を学習しやすいこと，多義語の意味関係をより理解していることを示した。この研究は，学習者が新しい学習項目をより効果的に理解・学習していくための指導法として重要な示唆を与えている。

宮保（1999）は，英語の力があるのに教室でクラスの友達の前で誤りを直されるのを好まない生徒がいる一方で，少しでも誤りがあれば教師に直してもらって英語力の向上に努める生徒がいることに気づいた。そうした教室での経験に基づいて，Horwitz らの外国語教室不安尺度（Foreign Language Classroom Anxiety Scale：ＦＬＣＡＳ）と英語の学力，教師のフィードバックの実態との関係，英語のスペリングと発音の関係の学習効果について調査した。この研究も教室で応用できる研究であった。教師のフィードバックを以下の5種類に分類した。

❶Simple Modeling（SM）：生徒の答えが誤っているとき，正しい答えを教師が即座に口頭で言い直す。生徒は教師の言い直しを聞き逃す危険性がある。

❷Modeling with Utterance Rejection（MUR）：生徒の答えが誤っているとき，教師は"No."といってから，正しい答えを即座に口頭で言い直す。聞いている生徒たちは正答を正しく認識できる。

❸Modeling with the Student's Repetition（MSR）：生徒の答えが誤っているとき，教師は正しい答えを即座に口頭で言い直し，生徒に教師の与えた正答を繰り返すよう指示する。この場合，間違えた生徒は上記❶や❷より，正答を確認できるメリットがある。

❹Explicit Meta-linguistic Feedback（EMF）：生徒の答えが誤っているとき，教師は文法規則や音韻規則，単語の用法について明確に説明する。宮保（1999）の授業はフォニックスを取り入れており，単語の真ん中に出てくる［ei］という音声は'ai'，単語の最後の［ei］という音声は'ay'とつづられるといった「規則で説明できる単語」（+meta）と tea, read, eat, week, sleep の'ea'と'ee'の違いのような「規則で説明できない単語」（-meta）のスペリングの定着度を調査した。「規則で説明できる単語」（+meta）の別の例としては，cow, cat, cake, race, cut, voice, doctor, city, juicy, ice での'c'の発音は［s］と［k］となるが，一方 i, e, y の前では［s］となり，その他の'c'は［k］になる，という規則を教えた場合が挙げられる。

❺Utterance Rejection（UR）：生徒の答えが誤っているとき，身振りも含めて，生徒の発話をはっきりと拒否する。

女子中学1年生137人が外国語教室不安尺度FLCASを測るアンケートに回答した。生徒たちは，3種類のグループ（教室不安が高い生徒，中位の生徒，低い生徒）に分けられた。また，生徒の英語力によって，できる生徒（high performers：以下，上位群と呼ぶ），普通の生徒（average performers：以下，中位群と呼ぶ），劣る生徒（poor performers：以下，下位群と呼ぶ）という3つのグループ分けを行った。その結果，教室不安が高い生徒ほど英語力が劣るという傾向が見られた。実験結果をまとめると次のようになる。

① EMFは，上位群と中位群には効果的であるが，下位群にはよい学習効果をもたらさない。
② 教室不安が高い学習者には，明示的なフィードバック（MUR, MSR, UR）は学習効果をもたらさない。

③ 生徒の発話拒否（MURとUR）は，教室不安の高い生徒には逆効果をもたらし，萎縮させてしまう。
④ 教室不安が中位の生徒には，MSRやEMFなど，情報量の多いフィードバックが効果的である。
⑤ 教室不安が低い生徒にはMUR，MSR，EMFが効果的である。
⑥ MSRは，教室不安が高い生徒が規則で説明できない単語（-meta）を学習する際は効果があるが，それ以外では効果がない。
⑦ SMは，短期間では教室不安の低い生徒に効果的であるが，長期的に見ると効果がなく，MSRやURが適している。
⑧ 上位群にはSMが効果があるようにみられるが，2ヶ月後には学習が定着しないことが判明する。
⑨ 上位群には，MURとURは効果的ではない。
⑩ 下位群には，SMの方がMSRやURよりも長期的に見ると学習が定着する。

まとめると，宮保（1999）は教室不安という個人要因と，5種類のフィードバックによる学習の定着との関係を克明に調査した研究であった。

以上，私がこれまで指導してきた修士論文から3例をとりあげ，研究と教育実践は密着したものであることを示した。

授業にリサーチを生かしていくには，教師自らがリサーチをする必要がある。上に述べた3種類のリサーチは，教場で体験した英語教育上の問題点の解決のために実施し，授業に生かすことができたものである。

参 考 文 献

- 齋藤直子 (1996). An Experimental Study on Unknown Word Inference Strategies in Reading of Japanese High School EFL Learners. 早稲田大学大学院教育学研究科　修士論文
- 三宅明子 (1996). A Study of the Effects of Categorization Based on Two Phrasal: 'V +around' and 'V+on' 早稲田大学大学院教育学研究科　修士論文
- 宮保幸子 (1999). A Study of Oral Error Correction in the Classroom: an Analysis with Levels of Anxiety and Proficiency 早稲田大学大学院教育学研究科　修士論文

	編 著 者	
編著者	中野 美知子	早稲田大学教育・総合科学学術院教授
		早稲田大学教育総合研究所兼任研究員
著 者	阿野 幸一	埼玉県立伊奈学園中学校教諭
		早稲田大学教育総合研究所特別研究員
	石川 桂	東京都港区立三田中学校教諭
		早稲田大学教育総合研究所特別研究員
	上田 倫史	早稲田大学非常勤講師
		早稲田大学教育総合研究所特別研究員
	大矢 政徳	早稲田大学非常勤講師
		早稲田大学教育総合研究所特別研究員
	大和田 和治	早稲田大学非常勤講師
		早稲田大学教育総合研究所特別研究員
	舘岡 康雄	日産自動車株式会社
	舘岡 洋子	東海大学留学生教育センター教授
		東海大学文学研究科日本文学専攻日本語教育学コース兼担教授
	筒井 英一郎	早稲田大学教育総合研究所助手
		早稲田大学教育総合研究所研究協力員
	根岸 純子	早稲田大学教育学研究科博士後期課程
		早稲田大学教育総合研究所研究協力員
	山崎 妙	早稲田大学教育・総合科学学術院助手

(2005年3月現在,五十音順)

英語教育グローバルデザイン　　　　　　　　　　　　　　　　[早稲田教育叢書 21]

2005年3月31日　第1版第1刷発行

編著者　中野　美知子

編修者　早稲田大学教育総合研究所
　　　　〒169-8050　東京都新宿区早稲田1-6-1　電話　03(5286)3838

発行者　田　中　千津子　　　　〒153-0064　東京都目黒区下目黒3-6-1
　　　　　　　　　　　　　　　　　　　　　電話　03(3715)1501(代)
発行所　株式会社 学文社　　　　　　　　　　FAX　03(3715)2012
　　　　　　　　　　　　　　　　　　　　　http://www.gakubunsha.com

©Michiko Nakano 2005　　　　　　　　　　　　　　　　　　　印刷所　新製版
乱丁・落丁の場合は本社でお取替えします
定価はカバー・売上カード表示

ISBN 4-7620-1415-X

早稲田教育叢書

早稲田大学教育総合研究所　編修

① ファジイ理論と応用　―教育情報アナリシス―

　　　　　　　　　　　　　　　　　　山下　元編　定価 1785 円

ファジイ集合，ファジイ関係，ファジイ推論，ファジイ決定などファジイ理論の基礎を平易に解説。応用として，教材構造分析，ソシオメトリー分析，意識調査，音曲系列分析にふれる。

② 国語教育史に学ぶ

　　　　　　　　　　　　　　　　　　大平浩哉編　定価 1785 円

話しことば・音声言語教育に寄せて，「国語」の成立と教材のあり方をとりあげる。さらには古典教育の存在意義にもふれた。国語教育史上の論点をあきらかに，将来の国語教育を指南。

③ 数学教育とコンピュータ

　　　　　　　　　　　　　　　　　　守屋悦朗編　定価 2415 円

中等教育におけるコンピュータ教育・コンピュータ利用の現実と未来（コンピュータ教育のあるべき姿と可能性）を具体的に説述。とくに数学ソフトマセマティカについて実践解説。

④ 教師教育の課題と展望

　　　　　　　　―再び，大学における教師教育について―
　　　　　　　　　　　　　　　　　　鈴木慎一編　定価 2100 円

開放性教員養成の実質が空洞化している事実をどうみるか。"官製の教員養成改革"に対して，学校で教壇に立つ教師の側から，教師の養成と研修に何を求めるべきかを問う。

⑤ 英語教育とコンピュータ

　　　　　　　　　　　　　　　　　　中野美知子編　定価 1785 円

学内の夏季講習での経験に基づき，コンピュータを英語教育に役立てるために必要なことがらをまとめたものである。英語教育に役立つインターネットサイト紹介，メディアと外国語教育等。

⑥「おくのほそ道」と古典教育
堀切　実編　定価1890円

「ほそ道」研究史となれば，多くが研究者・文筆家の語りの集蔵であるが，本書は子どもが眼差した芭蕉の読み解きになる。日本と別に，アメリカ人学生の「ほそ道」受容史をおぎなえた。

⑦ 新時代の古典教育
津本信博編　定価1890円

ウタやカタリやの面白みを味わってもらいたいと，公私立隔てなく研究会を重ねてきた中高の教員たちが意を凝らす。比較，リズムを重んじた漢文音読，グループ教材，中高またがり教材など。

⑧ コンピュータと教育—学校における情報機器活用術—
藁谷友紀編　定価1575円

教科教育の情報化を念頭に，その基礎固めとして現場の先生のためのコンピュータ活用術を取り上げた。教材作成，成績管理，インターネットによる資料収集ほか，現場の教員を交えて執筆。

⑨ 経済学入門—クイズで経済学習—
山岡道男・淺野忠克・山田幸俊編著　定価1785円

高校生より対象に，経済学の基礎をなるたけ平たく迅速に得られるように編む。演習（グラフや数式を省いた）をおこないながら考え，解説を読み，知識と理解を深めていく。

⑩ 環境問題への誘い—持続可能性の実現を目指して—
北山雅昭編著　定価2100円

自然・社会科学より研究者・実務家・記者・弁護士ら多様な視点を以てした。第一に生活・自然・地球と環境の様を，第二に問題発生の仕組みを解きその手段を。第三に自らの生とかかわる契機を。

⑪ 学校社会とカウンセリング—教育臨床論—
東清和・高塚雄介編著　定価2100円

日本での学校カウンセリングはこれから本格的に始動しようとしている。その動向を加速さすにも学校カウンセリングの基礎理論と手厚い実践との結合をこころみた。教師のストレス，進路指導の理論ほか。

⑫ 国語の教科書を考える—フランス・ドイツ・日本

伊藤　洋編著　　定価 2205 円

およそ英米の教科書は目にしやすいが、仏独のは紹介少なである。大判で装丁ひとつして美しい。彼我いずれも粋を集めているも、各国の文化の違い、言語、教養への考え方の違いがみてとれる。

⑬ 子どもたちはいま—産業革新下の子育て—

朝倉征夫編著　　定価 2205 円

子どもたちの望ましくない変化は親や教師の責任とするにはあれこれに目を奪われ問題の所在を見失いがち。産業の革新下で不可視なまま変化を来たしているのでは。身辺・環境より問う。

⑭ ジェンダー・フリー教材の試み
—国語にできること—

金井景子編著　　定価 2205 円

聞き、話し、読み、書く能力とは、人と豊かに暮らしていく基礎体力だといいかえてよい。誰もが負う「女」「男」の徴に、まず気を遣おう。「あなた」「私」を取り戻すため、国語の時間に何ができる？

⑮ 学校知を組みかえる
—新しい"学び"のための授業をめざして—

今野喜清編著　　定価 2310 円

学びの閉塞化、あるいは、「生きる力」と「ゆとり教育」を掲げた教育改革に楯突く「学力低下」論争。いまさらに、学びの主体形成となる、学校文化と知の創造への学校知が待たれる。

⑯ 子どものコミュニケーション意識
—こころ、ことばからかかわり合いをひらく—

田近洵一編著　　定価 2205 円

大小の子どもの問題も、対人との関わり合いの不具合にあると近年注目されてきた。本書はなお暗い、子どものコミュニケーションに対する意識と能力とを検討。併せ自立と共生の行為の、回復をみる。

⑰ 大学生の職業意識の発達
―最近の調査データの分析から―

東清和・安達智子編著　定価

若年者の職業意識や発達につき，大学生及び短大生を対象に行った質問紙調査の分析を通じて模索，検討することを目する。学卒者の進路指導やキャリア・カウンセリングのあり方に示唆をする。

⑱ 多文化教育の研究―ひと，ことば，つながり―

朝倉征夫編著　定価 1890 円

多文化教育とはどんなものであろう。概念，論点，文化変容のもつ問題はじめ，日本やアジア・オセアニアの例。「手話ネットワークの動態」「地域の国際化と日本語学習（成人）」」ほか 13 講

⑲ 現代学校改革と子どもの参加の権利

喜多明人編著　定価 1890 円

いそがれる学校改革はどうあり，専門職学校自治の囲いを越える子どもや保護者，住民など素人（レイマン）による学校参加はどうか。改革が進んでいないなら，何がつまずきか。

⑳ 地球環境システム

円城寺　守編著　定価 2100 円

地球，生命，社会又環境のどれも，単独では語りえない。地球を巡る諸問題と関連づけた物の見方・考え方。昨日まで，余り意識してこなかった地球規模のシステムがにわかに見えてくる。

㉑ 英語教育グローバルデザイン

中野美知子編著　定価 2100 円

時代の要請に応えるべく，英語の一貫教育への示唆となる内容を，ここに簡潔にまとめた。なかでは，97 年度から行ってきた学内英語教育改革の成果であるネットワーク型の英語教育を紹介。